RECONSTRUYENDO EL AMOR EN PAREJA

UNA GUÍA REFLEXIVA SOBRE LA MONOGAMIA, EL AMOR ROMÁNTICO Y LA SEXUALIDAD

JENNY OSORIO

CAROLINA CARDONA

GUÍA PARA
SER HUMANOS
EDITORIAL

Guía Para Ser Humanos © 2021
Actualización 2022

www.GuiaParaSerHumanos.com

Querido lector/a,

Agradecemos el tiempo dedicado a la lectura de la presente obra y esperamos que sea de utilidad en la vida de pareja, de preferencia, si se encuentra en una relación se recomienda que sea leído por los integrantes de la misma, pues de esta manera podrán discutir los contenidos y aprenderán sobre cómo los fenómenos sociales cohabitan en la relación.

ÍNDICE

RECONSTRUYENDO OTRAS FORMAS DE AMAR

INTRODUCCIÓN

La vida de los seres humanos transcurre inmersa desde niños hasta adultos en imaginarios, proyecciones y símbolos relacionados al amor en pareja. La familia, la escuela y otros contextos de socialización, ligados a medios de comunicación tradicionales y a las redes sociales, enseñan a través de sí mismas las maneras de expresión en las relaciones sexo afectivas, presentando a la monogamia articulada al amor romántico y a la heteronormatividad como la manera imperante, homogenizada y normalizada en la sociedad de asumir al amor en pareja.

El amor en pareja en este libro se aborda desde una perspectiva crítica y reflexiva, sustentando específicamente tres pilares fundamentales que de acuerdo a nuestra perspectiva son los que lo componen: la monogamia, el amor romántico y la sexualidad. Esto con la intencionalidad de develar cómo funcionan dichos pilares en las relaciones sexo afectivas actuales y también con la finalidad de deconstruir ideas generalizadas acerca del "amor de pareja" que circulan y se reproducen sin ser reflexionadas en nuestra sociedad.

Los procesos de deconstrucción sobre el amor en pareja son necesarios y fundamentales para entender bajo qué esquemas mentales y sociales estamos operando los seres humanos en nuestros relacionamientos. Pero también, para reconstruir otro tipo de vínculos sentimentales, en los que predomine el reconocimiento de la pareja sin la anulación propia, permitiendo comprender y aceptar al otro/a como ser social constituido con estereotipos y modelamientos, al igual que nosotros/as. Asimismo, esta deconstrucción posibilita la reducción de la autocrítica y los juicios dentro de la relación y hacia otras personas que deciden sus relaciones sexo afectivas de manera monógama y de otras formas.

Por lo tanto, "Reconstruyendo el amor en pareja: una guía reflexiva sobre la monogamia, el amor romántico y la sexualidad" le brinda a los/as lectores la posibilidad de adquirir estrategias distintas y alternativas que contribuyan a mejorar sus capacidades personales y a la vez sus relaciones amorosas, para que sean más sanas, flexibles, comprensivas y menos conflictivas.

EL AMOR COMO NOS LO
HAN ENSEÑADO

El amor desde los Griegos

Existen diferentes maneras de amar y de amor. En la modernidad, nuestro idioma funciona como una especie de barrera, limitándonos en reconocer otras concepciones del amor y poder otorgarle así distintos significados. Es por ello que solemos usar estas dos ideas (amar y amor) para referirnos casi que a cualquier relación en la que surja una especie de afecto.

Como con otros conceptos, el amor no escapó a nuestra "primitiva" búsqueda para explicar a través del mito la realidad que experimentamos. En la mitología griega se caracterizó puntualmente distintos tipos de amor con sus respectivas particularidades, dándole paso a una nueva experiencia del sentimiento. Las categorías de amor más importantes para los griegos se denominarían Philia, Storge, Ágape y Eros.

Los primeros tres tipos de amor griegos incluirían sentimientos de cooperación, emociones asociadas a la amistad, a la hermandad, la preocupación, afecto por el prójimo y amor por el todo, por la naturaleza y la grandeza del universo. Sin embargo, el Eros, tema que ocupa este libro, dios del amor, está relacionado con los asuntos carnales y el amor intenso, que necesita de esa cercanía corporal para subsistir.

Eros, es el responsable de la atracción sexual y las pasiones de todos los mortales. Quizás conocer su origen nos ayude a entender lo que para la antigua sociedad griega significaba el amor. Eros era hijo de Afrodita y Ares, es decir, un hijo de la diosa del amor y la belleza, y del dios de la guerra. Esta dualidad es fácil reconocerla ya que en nuestras relaciones de pareja constantemente sentimos ese desplazamiento entre conflicto y placer.

Para los griegos el amor era una divinidad, un ser extraño con cualidades superiores capaz de ocasionar locura e insensatez incluso al humano más sabio/a. La fuerza del amor -creían- era una especie de carga pasional que nos invade, nos inunda, nos controla, una trampa, una herida al corazón; pero también era ese sabor agridulce de la vida con escurridizas notas de magia y felicidad. Por este sentir se han formado grandes héroes y proezas, se han librado innumerables batallas, pues como diría el viejo adagio: en "el amor y la guerra todo se vale".

Con esto, queremos evidenciar que la mirada del amor occidental bajo el cual hemos construido el entendimiento de este sentimiento y sobre el que hemos sembrado las expectativas que nos motivan a experimentarlo, están totalmente permeadas de aquel Eros supremo que nos enseña la historia y la mitología griega. Grecia, cuna de la civilización occidental instauró las estructuras sobre las cuales hoy vivimos el amor romántico y al que hemos convertido en un negocio, en una necesidad, en un deber, pero también en una forma esencial de relacionarnos.

Construcción social del amor

Estar enamorado, ennoviarse, casarse o convivir con otra persona que llamamos pareja, se ha convertido en una experiencia generalizada y común en nuestra sociedad. Asimismo, es usual escuchar o pasar por procesos de rupturas y duelos que nos dejan adoloridos/as por las fuertes emociones que ello genera, pero también con anhelos de encontrar finalmente a la persona que nos acompañará y amará por varios años de manera estable.

En este sentido, estar en pareja es una de las maneras más normales y acostumbradas de experimentar y proyectar la vida, por ello es una de las búsquedas más significativas que tiene el ser humano durante su existencia. Sin embargo, esto no sucede porque sí, tampoco es una trasmisión de generación en generación que se da de manera puramente natural.

Los seres humanos tienen la capacidad de crear y transmitir lo construido a otras personas, aquí nos detendremos puntualmente en las creaciones subjetivas – de la mente que permiten interpretar y comprender el mundo. Solo basta mirar las complejas realidades sociales que ha tejido la sociedad, por ejemplo, muy probablemente para ti, para nosotras y para muchas personas la familia es uno de los aspectos más importantes de la vida. ¿Pero por qué compartimos esto? La sociedad a través de la misma familia y otras instituciones como las educativas y religiosas nos ha enseñado esta forma de significación sobre ella, por ende, la entendemos y sentimos como un elemento fundamental dentro de nuestra vida.

Es decir, todo esto que vivimos, comprendemos y sentimos por la familia es una creación del ser humano que al ser enseñada y compartida por otras personas se convierte en una construcción social que se transmite culturalmente entre generaciones y en diversos contextos. Por ejemplo, tú y nosotras no nos conocemos, pero a pesar de ello en significaciones tan profundas tenemos cosas en común, como pensar y sentir que la familia es un elemento fundamental. Esto se da porque estamos permeados por estas construcciones sociales que nos atraviesan desde lo externo hasta lo más íntimo.

El caso de la familia se usa para ejemplificar las construcciones humanas -sociales, cómo las compartimos y nos influyen en esta existencia. El amor en pareja tampoco escapa de ser una construcción social que nos ha enseñado y conducido a determinados sentimientos, creencias y conductas. Es decir, el amor en pareja es una forma de sentir y experimentar la vida, creada por el ser humano que se ha generalizado como una forma de relacionamiento entre las personas. Si no fuera así, ¿por qué las relaciones de pareja se parecen tanto? Por supuesto, existirán diferencias entre cada pareja, pero cada una comparte unas características que son aprendidas acerca de cómo ser una pareja, si no, ¿cómo hacemos para diferenciar que estamos dentro de una relación de pareja y una de amistad o familiar? Existen entonces elementos puntuales que comparte una pareja y son estos mismos los que nos delimitan si estamos o no en una (revisar apartado los pilares del amor).

El amor de pareja como muchas otras construcciones sociales, sean agradables o desagradables, son aprendidas por medio de la interacción con otras personas, es así como adquirimos aspectos sin quererlos o sin buscarlos. El ser humano tiene la capacidad de crear y destruir, cada uno/a como sujeto particular puede desarrollar la capacidad de construir y deconstruir otros elementos que contribuyan a ese mundo amoroso que se desea. Es importante que esa nueva configuración de ese espacio en pareja que se va a crear, se despoje de algunos de esos aprendizajes sociales que suelen distorsionar y limitar ese compartir con el otro/a.

Reconocer que las relaciones de pareja tienen este componente social que nos atraviesa e influye de la manera antes mencionada, permite conocer cuando se está cayendo en patrones aprendidos que quizá no contribuyen favorablemente a la relación amorosa que se pretende establecer. Pues, en definitiva, existen elementos que nos condicionan a ser y actuar como lo hacemos, pero, hay unos de estos que llevan a establecer relaciones tóxicas; aspectos que es mejor desaprender para crear una forma distinta de experimentar y vivir lo llamado y tan anhelado amor de pareja. Para ello, a lo largo del libro, como en el apartado "los pilares del amor" y en el capítulo "deconstruyendo la idealización del amor", encontrarás elementos que te permitirán entender de qué se trata y cómo deconstruir el amor de pareja que nos han enseñado y hemos aprendido a lo largo de nuestra vida.

En definitiva, las relaciones amorosas de pareja hacen parte de una construcción social que se ha transmitido históricamente en diversos contextos y a cada uno de nosotros/as como una de las formas más significativas de relacionarnos y vivir la vida adulta. El anhelo de este tipo de relación, más la dificultad de crear y asumir una manera diferente de estar "en pareja", evidencia cómo estamos atados a estructuras sociales que nos guían, y a la vez nos resulta complejo soltarnos de ellas.

CAPÍTULO I: LOS PILARES DEL AMOR

El amor en pareja que nos han enseñado se sustenta en tres ejes fundamentales: la monogamia, el amor romántico y la sexualidad, los cuales se ampliarán a continuación.

Pilar 1. Monogamia

Monogamia y capitalismo

El sistema económico actual y la propiedad privada se fundamenta en las relaciones de producción y se encarga de otorgar un orden social y económico a nuestra realidad, regulando con ello aspectos importantes de nuestra vida como lo es la organización jurídica, del Estado y la familia. Esta última es un símbolo de nuestra cultura moderna y "civilizada" porque es una pequeña unidad dotada de autoridad que contribuye en el orden económico y sexual actual.

La familia monogámica-heteronormativa tiene una estructura que está basada en condiciones económicas y no naturales (Engels, 1980:68), se reproduce a sí misma perpetuando conductas de represión sexual con el fin de prolongar el ciclo productivo y repro-ductivo, además, de evitar el juicio social. Podemos observar esto en nuestra historia reciente, por ejemplo, en el siglo XX las familias de las clases dominantes reprimen las libertades sexuales de sus hijas, valorizan su "virginidad" y finalmente ellas son entregadas como mercancías a determinada familia o mejor postor, con el fin de mantener transacciones comerciales futuras y/o aumentar sus patrimonios.

Este ejemplo se usa para mostrar que la familia, la monogamia y el capitalismo constituyen **propiedades** y **propietarios**, y como consecuencia se establecen unos **límites**. Estos límites van ensamblados a los derechos sexuales volviéndolos exclusivos y minimizando la libertad emocional de los individuos. Se convierte en un asunto de poseer y ser poseído.

Concordamos en parte con los estudiosos que afirman que el nacimiento de la propiedad privada es el nacimiento de las normas sexuales más estrictas, especialmente para las mujeres, pues ellas continúan siendo restringidas y castigadas socialmente cuando deciden romper las "reglas". También coincidimos cuando afirman que la orientación hacia la propiedad privada eterniza los ciclos matrimonio-monogamia-patriarcado, este último debido al predominio social y económico del hombre en la familia.

La monogamia es un pacto por lo general no acordado sino dado por hecho. Con esto, no pretendemos decir que la monogamia sea una forma de relacionamiento buena o mala, más allá de esto, estamos interesadas en que las personas cuestionen este concepto que se ha convertido en el pegamento social de las parejas y decidan si mantenerla o no, con un poco más de libertad y conciencia.

La monogamia como un asunto político

Practicar la monogamia es un hecho común y corriente, hacerlo no hace a alguien más o menos. Desconocer lo que gira alrededor de esta forma de relacionarnos no hace que las elecciones de estar en pareja no tengan implicaciones en el contexto social que habitamos. Cada que escogemos tener una relación en pareja estamos apuntando a principios de posesión y privacidad, lo cual es a fin y servil al sistema económico, social y político que nos rige en la actualidad. En este sentido, nos convertimos en seres políticos que aportan a normalizar y consolidar la organización social en que vivimos.

Así es, eres un ser político te guste, no te guste o te sea indiferente. La monogamia se muestra como una forma de relacionarnos, pero de fondo tiene un alto contenido y origen político porque nos conduce a una forma de vida, de hacer, actuar, sentir y pensar. Es decir, nos modela en torno al proyecto que se requiere para sostener una organización social imperante.

Para que la monogamia se ejerza necesita de unos actores, que en este caso somos las personas. En ese sentido, cuando decidimos estar en pareja estamos asumiendo no solo una forma de crear un vínculo afectivo, sino también unas normas, creencias y principios económicos – políticos que nos permiten pertenecer y aparentemente realizarnos en un orden social.

Tú como ser político, es muy probable que estés contribuyendo a sostener al capitalismo de muchas maneras, a pesar de las críticas y resistencias que le puedas hacer o no. Desde la decisión de relacionarnos en pareja estamos llevando a nuestra intimidad un mundo político complejo que nos atraviesa a todos y a todas. Reconocer estos trasfondos pareciera que complejiza las relaciones de pareja más de lo que aparentemente son. No obstante, son elementos profundos en los que nos movemos cada uno de nosotros, y es necesario identificarlas para aproximarnos a formas de amar más sinceras, auténticas y menos utilitaristas con ese otro.

Monogamia y ego

Poco a poco hemos ido superando el discurso que sostiene que la monogamia es un asunto biológico, algo natural e intrínseco al ser humano y a otros animales. Aún podemos escuchar algunas voces argumentando que es antinatural amar a dos personas al mismo tiempo y mantener más de una relación sexual-amorosa, aunque, estas voces cada vez tienen menos eco. Por otro lado, cada vez más son las personas que comprenden y hablan del amor como una construcción social, construcción que se vincula con la monogamia para mantener el orden económico y cultural, y que como individuos sumergidos dentro de él resulta difícil no condicionarse.

Sin embargo, este libro **NO** pretende convencer al lector sobre cuál debe ser su postura frente al debate, ni desea entrar en el campo de lo "correcto" e "incorrecto" o "bueno" o "malo". Más allá de esto, buscamos evidenciar que quizás exista una o más formas de interpretar la realidad tratando de esquivar la dualidad que se plantea entre lo biológico y la construcción social. Pretendemos una reflexión más profunda que sobrepase este debate que de cierta manera nos ha limitado a conocernos y aceptarnos más humanamente.

Como hemos mencionado anteriormente, en la monogamia se perciben dos aspectos de la propiedad privada, dos caras de la misma moneda: un poseedor y un poseído. Pareciera que en las relaciones amorosas existe una necesidad egotista de poseer al otro y un deseo de sentirse poseído, convirtiendo al otro en una propiedad más. La enunciación para ratificar el derecho sobre el otro lo otorga el lenguaje al utilizar frases como **Mi** novia/o, **Mi** esposo/a, **Mi** amiga/o, etc.

Los celos suelen ser esa emoción o reacción que evidencian con claridad el miedo a la pérdida de esa propiedad, lo que puede desembocar en el dolor del ego ¿Cómo es posible entender que mi pareja quiera y pueda disfrutar de otra persona sexual y afectivamente? Hemos encontrado en nuestras consultas psico-sociales que para muchas personas el orgullo (ego) se convierte en un mecanismo de evitación del dolor que les impide soltar al otro de dicha posesión. Como un reflejo de esto hemos escuchado frases como: -Primero la tengo que dejar yo a ella que ella a mí, o – ¡No se lo voy a dejar tan fácil a esa otra! Estas expresiones ponen en evidencia a un ego tratando de anteponerse a otro.

En las relaciones basadas en ego es común ver cómo el concepto de amor consiste más en las propias necesidades que sobre la relación o la pareja. Son dos sujetos atraídos desde sus deseos narcisistas con la expectativa de que el amor sea certidumbre y es aquí donde encaja la monogamia y el ego, pues se busca lograr ser el **único** y **exclusivo** objeto de deseo de la pareja. Con el anhelo de adquirir una garantía de un amor duradero y para siempre, esperan encontrar la tranquilidad en la posesión del otro, cediendo la satisfacción de sus deseos y la responsabilidad del alcance de su "felicidad" en la pareja de turno. Una vez esta idea mágica e historia fabricada por el ego se acaba y se rompe la relación, comienza de nuevo un ciclo donde dos egos interactúan reproduciendo la construcción social del enamoramiento.

Pilar 2: Amor romántico

Amor romántico como dispositivo social

El filósofo argentino Sztajnszrajber sustenta el amor romántico como un dispositivo que condiciona los comportamientos, sentimientos y pensamientos de las personas en sus relaciones socioafectivas. Las decisiones y expresiones que tomamos se basan en aquellas formas que nos han enseñado o dicho culturalmente sobre el amor romántico – que generalmente es en pareja.

Piensa en distintas parejas o recuerda cómo han sido tus relaciones amorosas, es muy posible identificar en ellas las mismas muestras de afecto, por ejemplo, dedicar canciones con letras similares o incluso dedicar las mismas, regalar rosas, comer en un sitio especial, etc. También, decir "amor", "mi vida" u otras maneras de nombrar a la pareja que lo que pretenden finalmente es simbolizar y representar exclusividad.

Todo ello se hace esperando generar recordación, ser importante para el otro y estrechar lazos afectivos. Pero fijémonos que a pesar de cambiar de pareja y aunque existan diversas parejas en nuestro entorno, operamos en las relaciones amorosas de la misma manera mediante el dispositivo del "amor romántico", "amor en pareja" o del "enamoramiento". A pesar de que tratemos de variar o ser auténticos, es usual caer en los patrones predeterminados que nos ha dicho qué es y cómo ser en el amor.

La sociedad es transmisora de conocimientos y de la cultura, y cada una de las personas somos un ser que aprende y se constituye mediante la socialización. La transmisión de la cultura suele asociarse al conocimiento científico, a costumbres y tradiciones.

Esta concepción es fundamental trascenderla a una mirada más profunda que permita dimensionar cómo la sociedad mediante la cultura crea unas formas adecuadas o inadecuadas de sentir y relacionarnos, las cuales vamos asumiendo, integrando y replicando en nuestro accionar. La cultura ejerce la función de dirigir, pero también, se encarga de limitar y condicionar otras posibilidades de creación vincular, emocional y relacional. Esto mismo es lo que sucede con lo que sentimos, pensamos y experimentamos del amor en pareja; no es coincidencia, ni mucho menos natural que se repita entre tantas personas esa misma forma de relacionamiento.

Romance

El amor romántico se ha convertido en la utopía moderna para no "sufrir" de soledad. Bajo esta idea hemos aceptado una vieja historia que nos ha enseñado a pensar y sentir el amor en pareja de determinadas maneras, donde tanto hombres como mujeres hemos aceptado condiciones y conductas esperadas socialmente que nos han impedido experimentar el amor de formas más simples y libres.

El romance está relacionado a una idea del amor romántico, el cual es una idealización o una ficción en la que esperamos que especialmente la sexualidad, el amor y el compromiso confluyan y se articulen en un mismo ser. La satisfacción de objetivos sociales, personales, íntimos e incluso económicos adquieren un carácter de dependencia exclusivamente de un otro, consolidándose de esta manera un imaginario acerca de la pareja o la persona amada: ser un complemento que facilita la realización de aquellos deseos personales.

La espera de que la pareja brinde amistad, asociación económica, disfrute sexual, espacios de ocio, entre otros, se convierte en un ideal que le proyecta certidumbre al ser humano. Sin embargo, en esta materialidad puede resultar una búsqueda frustrante, porque es complejo que todos estos elementos se manifiesten y se realicen mediante un otro y además un único sujeto. Precisamente, estas son las expectativas que se han creado desde las construcciones sociales que existen del amor en pareja, que vamos asumiendo como ciertas o verdaderas en nuestras formas de crear vínculos personales, las cuales distorsionan y limitan nuestras relaciones con el otro e incluso con nosotros mismo/as.

Es justamente en esta elaboración confusa del amor, observada bajo el velo del romance donde son justificadas ciertas conductas que hemos naturalizado o creemos que son propias del estar en pareja. Actitudes como los celos, chantajes, vigilancia excesiva, la imposición de renuncia a cosas, a actividades o relaciones personales importantes, disfrazan la violencia y la necesidad de posesión bajo las máscaras del amor romántico.

En relación a estas conductas aprendidas se puede brindar como ejemplo el amor romántico heteronormativo, en el cual a los hombres les han enseñado que el romance tiene más sentido si hay dificultad en el ritual de la conquista, además, en la insistencia de la consecución del objeto de su pasión podrían validarse a través de la etiqueta de "éxito" con las mujeres. Por otra parte, a las mujeres y en articulación con las conductas esperadas de los hombres, históricamente nos han impuesto el modelo patriarcal en el que se usa la sutileza "femenina" para agradar físicamente y recibir halagos, además, de la excesiva importancia del primer acto sexual y el deseo de ser esposa y madre.

Pilar 3: Sexualidad

Sexo y Amor

Podemos estar de acuerdo en que el sexo y el amor son aspectos fundamentales de la vida en la presente materialidad, al menos para la mayoría de las personas. Estas dos cuestiones gozan de una presencia "normal" en nuestras realidades, invadiéndonos de experiencias enriquecedoras, de múltiples aprendizajes y deliciosos estímulos hormonales. Por supuesto, también ambos conceptos a través de las rupturas, separaciones y diferencias personales nos han enseñado otras fortalezas como lo son la aceptación y la renuncia.

El sexo y el amor son conceptos comúnmente confundidos y mezclados entre sí y con otros. Se debe recordar que el sexo se encuentra sumergido dentro de tres perspectivas: el sexo biológico, anatómico y social. El sexo biológico hace referencia a los genes o a la genética que cada ser humano recibe al momento de la gestación. El anatómico hace referencia a los órganos sexuales externos y a los órganos reproductivos; y el sexo/genero social quizás el más debatido en la actualidad, hace referencia al rol asignado a las personas de acuerdo a su sexo biológico. Por otro lado, tenemos la sexualidad que surge de la interconexión entre la sensualidad y la genitalidad, en un ritual dirigido a obtener placer. Nuestra sexualidad por lo general se mueve desde tres motivaciones: la romántica, la lúdica y la reproductiva.

Si bien, la transmisión de sentimientos a través de la sexualidad desde una motivación romántica consta de gran importancia para el disfrute de la expresión sexual, pues, construye confianza, conformación de vínculos en la pareja, sensación de exclusividad y sentimientos de permanencia con el otro/a, etc. Por esto, resulta relevante descubrir y comprender la parte analítica/social de las relaciones sexuales.

Frente a la sexualidad y el amor se ha fabricado, producido y reproducido una especie de ideología: nos han enseñado de que se trata, cómo se hace, con quien está bien hacerlo, cuándo hacerlo, con qué finalidad, además del espacio que debería ocupar en la vida de cada ser humano. La sexualidad se ha convertido en un modelo que nos ha determinado y en esta misma función y con los mismos argumentos, hemos determinado a los otros.

El amor sexual es la combinación de condicionamientos acerca de la sexualidad y el amor. En este sentido el amor sexual es una manera romántica de llamar al placer sexual o coito. Este tipo de amor muchas veces reproduce sin cuestionamiento la idea de que tener pareja te garantiza el acto sexual y que todo acto sexual que se hace con la pareja es un acto que se hace con amor.

Después de detenernos en una mirada social de la sexualidad y el amor con el fin de comprender una versión más amplia de estos conceptos, consideramos necesario y fundamental mencionar que podemos alcanzar un tipo de relaciones amorosas sexuales más sinceras, satisfactorias y francas.

Es relevante reconocer que este tipo de relación, se quiera o no, va a estar atravesada por formas de actuar y de sentir comunes y recurrentes como lo son la idealización, el compromiso, la ternura, el deseo, la empatía, entre otras. Indudablemente estamos y estaremos inmersos en ello al hablar de un amor en pareja. Sin embargo, la búsqueda continuará hacia una idea de amor y de intimidad sexual re-pensada y reflexionada, que sea flexible, ajustada a las necesidades, particularidades e intereses de cada miembro de la pareja, para que cada quien pueda unirse con el otro sin perderse en él/ella o en las ideas que continuamente nos ha presentado la sociedad moderna.

El modelamiento dentro de la intimidad sexual humana

El acto reproductivo y lo conocido como "tener sexo" ha recibido otros significados capturados por la invención del amor romántico, ya que hablar del sexo en la época moderna y estando en pareja, no significa tener sexo sino hacer amor. Es decir, el sexo además de disfrutarse debe experimentarse con amor cobrando un sentido y significado profundo para el individuo, dejándolo enredado en un montón de expectativas y significaciones que debe esperar, pero a la vez cumplir. Las expectativas sobre este acto físico sexual en pareja se convierten en aspecto trascendental que puede unir o separar a las parejas.

Reconocer que nos movemos bajo el modelamiento de cumplir y satisfacer con lo esperado del acto sexual en pareja, puede ayudar a comprender que el sexo se desarrolla y está enredado en unos deberes sexuales que vamos integrando como indispensables sin ser conscientes de ello. Al hablar de deberes se está dando apertura a lo adecuado e inadecuado (lo que debería y no debería ser o hacerse), convirtiéndose en normas para seguir en el acto sexual. Justo cuando decidimos regular nuestro noviazgo o matrimonio con estas reglas o normativas en torno a la sexualidad y el sexo estamos reafirmando y permitiendo la modelación social moderna de nuestras conductas y creencias sexuales.

Desde esta perspectiva "tener sexo" y sexualidad no son lo mismo, el primero se refiere al acto en sí y el segundo a distintas manifestaciones sexuales del ser humano, que puede ir desde la orientación sexual hasta la identidad de género, entre otras. Aunque sean diferentes ambas tienen puntos de encuentros, la forma como se asume la sexualidad va a regir la manera de vivir el sexo. En este sentido, el sexo esta atravesado por otras significaciones del sujeto respecto a su propio cuerpo, corporalidad y objeto de deseo.

La sexualidad integra la propia corporalidad y la del otro, la manera de percibirla y asumirla no es libre ni totalmente autónoma desde cada sujeto. Al contrario, está atada a formas aprendidas sociales que indican cómo experimentar la sexualidad. El mayor ejemplo es la heteronormatividad, que pone a la heterosexualidad (gusto por el género opuesto, hombre-mujer y mujer-hombre) como la orientación sexual generalizada y "normal", negando otras posibilidades de gustos sexuales. Esta heteronormatividad trae consigo otras normas, pues además de indicar que debe gustarte una persona del género opuesto, también direcciona cómo debe comportarse socialmente una persona de acuerdo a su órgano sexual.

La vivencia de la sexualidad se permite entonces, pero de unas maneras determinadas y limitadas. Por esta razón Foucault sustenta que la sexualidad no está reprimida sino modelada. Esta modelación se da con unos fines utilitaristas, que van a contribuir al sostenimiento del sistema económico y político que rige a la sociedad. Para la mano de obra se requiere que las personas se reproduzcan y para ello la heterosexualidad resulta la orientación sexual aliada y pertinente para este fin, pues hombres y mujeres fértiles son quienes posibilitan la procreación y la industria.

A pesar de que esta es una perspectiva comprensiva, crítica y reflexiva de la sexualidad que permite comprender a nivel de sociedad los aspectos que nos entretejen y componen como sujetos, es indudable que nos movemos internamente bajo estas representaciones, pues esto nos atraviesa en el sentir debido a que tiene un significado profundo para nosotros/as. En la sexualidad confluyen energías, sexualidades, experiencias de vida que van dando sentido a la existencia humana.

Aunque estamos modelados social y políticamente, nuestros encuentros de placer son importantes pues la desnudez del cuerpo es el que está allí presente, confluyendo y compartiendo con la sexualidad del otro/a. Los sentires que surgen alrededor de ella son fundamentales porque guían y dan sentido a la vida.

Con la perspectiva crítica expuesta en las anteriores líneas no pretendemos minimizar, ni infravalorar las vivencias sexuales, al contrario, consideramos que son fundamentales porque integran lo que eres y tu forma de vivir esta experiencia humana. La propuesta que hacemos está orientada a reflexionar la propia sexualidad desde aquello que nos agrada y lo que no, para despojarse poco a poco de esquemas sociales preestablecidos.

Tensiones que desencadenan los pilares

La exclusividad (monogamia), el amor romántico y la sexualidad, son los ejes centrales que soportan las relaciones de pareja, que como se mencionó en el apartado anterior, se incorporan en nuestras relaciones de manera silenciosa, oculta y sin ser perceptible a simple vista.

En este sentido, tienen otro lado interesante a profundizar; así como son base fundamental para el sostenimiento de una relación, también son creadores de tensiones en las dinámicas de pareja y en cada mundo personal que la compone.

Para comprender a qué nos referimos sobre estas tensiones, es importante decir que estos tres pilares al ser construcciones de la sociedad y aprendidos por cada ser humano, implican ser aspectos que nos dan forma a nuestros sentimientos y creencias en la manera de relacionarnos en pareja. Por lo que se convierten en principios reguladores y a la vez limitadores de quienes somos, de cómo vivimos nuestra vida tanto de manera pública como privada en lo que respecta a la pareja.

La monogamia, el amor romántico y la sexualidad son reguladores porque son elementos que indican qué está bien hacer y qué no en pareja. Esta función reguladora y delimitadora crea tensiones entre aquello que deseamos y lo que debemos experimentar. De esta manera, los pilares se configuran en estándares que permiten comparar y especificar cómo está la relación, además, determinar si esta funciona o no.

Para la pareja, el cumplimiento de los pilares es tensionante porque están compuestos de estándares, idealizaciones, expectativas y limitaciones, convirtiéndose estos en aspectos que deben manifestarse armoniosa y simultáneamente dentro de una relación. Por ello, cuando algún detalle no funciona como "debería" buscamos que ello sea cumplido de acuerdo a la expectativa que genera el estar en pareja. A continuación, proponemos una explicación de cómo funcionan las tensiones de estos pilares:

PILAR	Manifestación de tensiones	Percepción	Implicaciones dentro de la relación de pareja
Monogamia Una persona al establecer un acuerdo de exclusividad con otra, se inscribe a unas reglas implícitas en el que existe una fundamental: no hay cabida a terceros, "somos solo dos pues una pareja así se constituye".	Los celos	Se percibe al otro como propio, como un objeto que es posible poseer y que le pertenece.	1. Crea una espera de que el otro corresponderá a un amor exclusivo. 2. Se distorsiona al otro por las expectativas y el acuerdo establecido, ya que al otro se le ve como un objeto que se puede tener, manejar y manipular. 3. Se atribuyen en pareja unos deberes que coartan expresiones personales por temores a una pérdida, justificados desde el amor, camuflando la posesión y abuso de derechos atribuidos sobre el otro. Por ejemplo, restricción de la privacidad, de vínculos sociales, de formas de expresión personales como vestimenta, modos de hablar, de socialización, etc.

PILAR	Manifestación de tensiones	Percepción	Implicaciones dentro de la relación de pareja
Monogamia	La violencia física y emocional	Se percibe al otro como propio, como un objeto que es posible poseer y que le pertenece. En este sentido el otro se ve como menos merecedor. "cuando no hace lo que quiero necesito controlarlo".	1. Imposición de la fuerza o de formas simbólicas para marcar una supuesta superioridad. 2. Manipulación de la situación para hacer creer a una parte como inferior y a la otra como superior, y así retener al otro dentro de la relación. 3. Se crean formas complejas y violentas de relacionamiento y de difícil resolución. *Todas estas implicaciones dificultan el desarrollo personal de las partes.*

PILAR	Manifestación de tensiones	Percepción	Implicaciones dentro de la relación de pareja
El amor romántico Se idealiza una relación de entrega, compromiso, de sensibilidad y conexión emocional.	Estereotipos amorosos - sentimentales	Se cree que uno/a es el centro de la pareja, que debe satisfacer expectativas románticas y emocionales. Se deduce que hay unas maneras específicas de expresar el amor y de ser pareja. Cuando no se cumple el estándar se duda del amor que dice sentir la otra persona.	1. No permite la expresión de particularidades propias y de la pareja 2. Es poco comprensivo con las formas particulares de la otra persona ser y expresarse emocionalmente 3. Se está a la espera de que el otro/a cumpla con las propias expectativas que se tienen sobre el comportamiento en pareja. 4. Es inflexible

PILAR	Manifestación de tensiones	Percepción	Implicaciones dentro de la relación de pareja
Sexualidad El sexo es capturado por el amor romántico, por ende, al acto sexual se le llama "hacer el amor". En este sentido, cae en estándares de cómo se debe experimentar el acto sexual cuando se está en pareja. Por otro lado, la sexualidad está modelada, indica cómo hay que vivirla y qué roles se establecen en el vínculo de pareja.	Estereotipos en el sexo y la sexualidad	Se cree que el sexo debe hacerse con amor y que únicamente con la pareja se va a experimentar plenamente la sexualidad. Se espera que la pareja cumpla con el vínculo monógamo sexual, con una orientación sexual e identidad de género específica, asimismo, se comporte de acuerdo a los estándares que estos implican.	1. Condiciona al acto sexual y la sexualidad para que se exprese de unas maneras determinadas. 2. Limita particularidades de cada sexualidad para cumplir ciertos roles sociales. 3. La incomprensión y la inflexibilidad se convierten en un elemento de la relación que limita la posibilidad de conexión emocional y sexual de los individuos. También, restringe a la pareja de encontrar nuevas maneras de vivir sus sexualidades.

La espera del cumplimiento a cabalidad de estos pilares nos deja expuestos al fracaso y la frustración, pues como se puede ver son muchos los aspectos que están en juego y que deben satisfacerse a nivel de cada sujeto y de la pareja. Por esta razón la expectativa que crean estos pilares de las relaciones genera tensiones que pueden implicar conflictos comunes y mayores en la pareja.

La idea de presentarte estas tensiones es que revises cómo estos principios a los que te inscribes al estar en pareja te movilizan en sentimientos y limitaciones que no permiten establecer dinámicas distintas dentro de las relaciones. Es sumamente complejo escapar a estos pilares, no obstante, el manejo que le damos a las tensiones puede ser el inicio de gestionar la relación diferente a través de maneras particulares que vaya creando cada relación, comprendiendo, pero a la vez deconstruyendo estos aspectos sociales que los limita, teniendo en cuenta la historia de la relación, así como la forma de ser, sentir y actuar de cada miembro de la pareja.

Otras reflexiones profundas sobre lo que nos han enseñado del amor

Hasta ahora se ha realizado una brevísima descripción y análisis desde una perspectiva crítica-comprensiva sobre los pilares con los que nos han enseñado a amar: monogamia, amor romántico y sexualidad. Hemos mencionado a nivel histórico cómo se ha transformado el concepto del amor desde los griegos hasta la actualidad. Además, plasmamos cómo estos pilares nos han llevado a una reorganización social que se soporta en el matrimonio y la familia, significando estas como pequeñas unidades administrativas que colaboran con el orden social productivo y reproductivo.

También, se ha mencionado que desde nuestra parte más íntima que incluye el cuerpo, nuestros deseos y sexualidad hemos sido de alguna manera "modelados" por un fenómeno cultural/social. Sin embargo, en estos mismos condicionamientos nos encontramos como sujetos, porque estos le dan sentido a nuestras experiencias afectivas y a nuestra existencia humana. Adicionalmente, durante este capítulo hemos reconocido la importancia del amor (existente desde que el mundo es mundo), comprendemos que hace parte de nuestra emocionalidad y de un proceso biológico-químico-neuronal e intentamos conocer un poco como experimentamos este sentimiento en la modernidad.

Pero esto no lo es todo. Cualquiera podría decir entonces: "Entiendo que el amor y todas sus variantes tienen una historia, una transformación, una utilidad y, por cierto, muchos placeres. Lo comprendo, pero ya amamos desde estas maneras, nos hemos acostumbrado y no pasa nada, nada va a cambiar". Lo cierto es que todo tiene implicaciones sobre el todo, es decir, desde la perspectiva que proponemos, el ego, el neoliberalismo o sistema económico actual, los imperativos sociales de la sexualidad, la familia y la organización social contemporánea tiene relación directa con el amor y cómo este se ha configurado y continuará haciéndolo.

Dicho de otro modo, en este punto deseamos poner a temblar ciertas cuestiones para no solo comprender el amor desde lo racional, ni para intentar crear uno ideal y mucho menos perfecto, sino, para revisarlo articulado a lo que se ha mencionado de él y quizás alcanzar a vislumbrar un amor lo más auténticamente humano posible.

Lo que intentamos compartirte en este apartado podría resumirse en la siguiente premisa del filósofo sur coreano Byung Chul Han: el amor actualmente está amenazado de muerte. Esto nos lo dice en su libro "La agonía del Eros", donde retoma los problemas de la época actual como la hipermodernidad que implica un hiperconsumismo, dicha reflexión está relacionada al concepto de *Modernidad Líquida* (2004) desarrollado por el sociólogo Zygmunt Bauman.

Esta sociedad hipermoderna ha engendrado y carga en la espalda sus propios males. Ha venido transformando ciertas enfermedades de épocas pasadas, pero además ha creado algunas nuevas. Dentro de los síntomas de esta contemporaneidad Chul Han nos cuenta sobre el exceso de narcisismo (o ¿ego?), depresión, ansiedad, sentimiento de culpa y el exceso de positividad (tratado en su libro "La sociedad del Cansancio"). Este último concepto hace referencia a ese modo de vida tan conocido: el yo puedo; "Yo lo puedo todo en esta vida y debo evitar el fracaso, debo pensar positivo, etc". Este exceso de "automotivación" resulta convirtiéndose en un autocontrol y auto explotación, rol antes encarnado por un agente externo (comúnmente un jefe) y ahora ejecutado por nosotros mismos.

Entonces tenemos que la suma de narcisismo, positividad y todas las consecuencias psicosociales que se desprenden de ello tienen en jaque al amor. ¿Por qué? Porque el narcisismo o el exceso de amor por uno mismo ha desaparecido/destruido a ese otro/a que me acompaña o acompañará en el proceso de la relación, nos fundimos en nuestro ego negando al otro/a y no nos permite abrirnos a él/ella.

Como ejemplo, podríamos remitirnos a las características y/o biotipos de personalidades y cuerpos que vemos, anhelamos y buscamos como posibles parejas. Queremos que nuestra pareja sea alta o bajita, delgada o gorda, y que además le guste la misma música, coincidir en un género de películas y que tenga un gusto por X o Y mascota, etc.

Después de encontrar a la persona "indicada" y pasar la fase del enamoramiento, es muy usual darnos cuenta que esa persona tiene algunas particularidades que no nos gustan tanto. Es desordenada, no cuida sus finanzas, espera algo diferente a mi sobre el futuro, es poco detallista, ya no se ríe de mis chistes, etc. Todo esto evidencia cómo nos movemos bajo elementos narcisistas, tratando de que ese otro se ajuste y se amolde a mis gustos o que sea como "yo", es allí donde Chul Han nos dice que esto no es amor sino consumismo, o en sus propias palabras "No se puede amar al otro despojado de su alteridad, solo se puede consumir" (Chul Han, 2012:13). Este autor añade, que esta condición narcisista de la sociedad actual está estrechamente relacionada a los nuevos esquemas del poder.

Por otra parte, el exceso de positividad es el que nos hace "poder" y "lograr" más y más cosas, está anudado a frases optimistas que te dicen que "si tú quieres, puedes" cuyo mensaje subliminal es: si no pudiste es porque quizás no querías tanto o no te esforzaste lo suficiente. En la búsqueda de nuestras "metas" combinadas con la estructura de la actual sociedad, hemos entrado en un submundo que nos mantiene ocupados buscando generar ingresos para tener una vida que de otra manera no podríamos tener y un estilo de vida estereotipado por los medios y la publicidad. Mientras nos encontramos en esta situación no se cuenta con mucho tiempo libre ya que en esa auto explotación como lo llamaría B. Chul Han tenemos por ejemplo que trabajar horas extras y/o conseguir un trabajo adicional. Este hecho causa entonces un tipo de abandono de la pareja y de otras personas cercanas a nuestro círculo social.

Como dijimos anteriormente, la monogamia es un fuerte aliado del sistema capitalista, pues permite a las personas hacerse cargo económica y emocionalmente de una familia, manteniendo y reproduciendo esta organización social. Pero, además, conserva en los sujetos la energía suficiente para soportar y producir en un trabajo de mínimo 8 horas y volver a casa a "procrear" y satisfacer las demandas familiares. Sin embargo, el tiempo que se le dedica a la familia y otros vínculos sociales cercanos después de una jornada laboral no es el suficiente o el que quisiéramos y lastimosamente no es el tiempo que le basta al amor, pues como diría el filósofo argentino Juan Denis: "no tenemos tiempo para el ocio y el amor alcanza su plenitud en él". En el exceso de positividad existe una negación del fracaso y en esa falta de negatividad sufre también el amor, por ello, ha proliferado un miedo al compromiso, a enamorarse y sobre todo a la herida del amor.

Otro elemento que no escapa al consumismo que estamos inmersos actualmente es la sexualidad. Pues el acto sexual ha entrado en el círculo del rendimiento, de la mercantilización y de la explotación mediante la pornografía. Con todo esto hemos transformado el "tener sexo" en un pasatiempo y al otro/a en un objeto sexual disponible para el consumo, despojando al acto sexual del erotismo.

En resumen, de acuerdo a lo comentado por el libro hasta ahora y con el apoyo del filósofo Byung Chul Han, se ha generado una pequeña radiografía sobre cómo y porqué Eros está amenazado de muerte y cómo esta profunda herida lo ha despojado de su contenido.

Aunque cueste reconocer estas reflexiones abordadas desde una mirada crítica-social, son aspectos que muy probablemente así se manifiestan dentro de nuestra sociedad, en tu familia, en tu pareja y en ti. A pesar de que es complejo plantear una salida específica a los problemas que nos va generando los pilares del amor en pareja, consideramos que es posible hacer algunas deconstrucciones de este tipo de amor que hasta ahora hemos experimentado. Por ello, en los siguientes capítulos planteamos algunos cuestionamientos para re-pensar tu forma de establecer el vínculo en pareja.

DECONSTRUYENDO LA IDEALIZACIÓN DEL AMOR

CAPÍTULO II: ¿CÓMO IDEALIZAMOS AL AMOR?

Platón y su idea del amor

Desde siempre -épocas antiguas y recientes- se han desarrollado diferentes ideas y explicaciones sobre la naturaleza del amor, pues, este tema ha ocupado un lugar prestigioso en los estudios de los más reconocidos filósofos y por supuesto es un tema casi que universal para el resto de nosotros los simples mortales. La interpretación común que se ha hecho a la visión del amor del famoso Platón de Grecia, aprendiz de Sócrates, no ha escapado a nuestra mala comprensión.

Sobre el "amor platónico", un tipo de "amor" que muchas personas dicen haber experimentado alguna vez en la vida, se ha escrito y dicho mucho: es un amor no correspondido, idealizado, no concretado, seguramente imposible; un amor elevado y sublime, sin embargo, carente de algo, del contacto físico o de la mutua atención. El uso y el re uso del concepto nos ha llevado a repetir estas cosas sin siquiera preocuparnos por leer sobre su origen.

Para aclararlo, queremos decir que una cosa es el amor platónico que usamos a diario en la cotidianidad para referirnos a esos amores ideales y otra cosa muy diferente es la perspectiva del amor que buscaba mostrarnos Platón puntualmente en su libro "El banquete". Pero, ¿Dónde y por qué se ha generado esta confusión?

Sostenemos que todo inicia con una mala lectura de Platón, junto a una necesidad de encasillar al amor como queremos que sea. Pretendemos un amor duradero o eterno, buscamos "el amor de nuestra vida", pero, además, que este amor se sienta "bonito" siempre, nos otorgue bienestar, que sea bello, fuerte y robusto ante las dificultades, mismas que no queremos ver aparecer.

Por otro lado, deseamos y procuramos la perpetuación de nuestro "yo" a través de otro ser. ¿Cómo? Esto se hace usualmente a través de la reproducción física ya que frecuentemente son los hijos el medio para dar la continuación de nuestro ser por medio de los genes, la difusión y propagación de nuestros recuerdos y vivencias para alcanzar así -aunque no sepamos qué lo buscamos- la inmortalidad en este plano físico.

Además de la perpetuación del ser a través de los hijos, perseguimos inmortalizarnos por medio del ser amado. Queremos ser esa persona que jamás será olvidada en el plano romántico, ser "el amor de la vida" de alguien, la criatura humana especial con quien esa otra persona hizo cosas que nunca había hecho solo/a o con algún otro.

Todo esto parece ser muy bello, pero no era lo que Platón buscaba compartir. Para este filósofo el Eros, no era un ser sobrenatural, de fuerza irracional y divina que afirmaban en los discursos algunos de sus personajes aristócratas atenienses del libro *"El Banquete"*. Un diálogo sobre todos los demás, que deja entre ver su visión sobre la naturaleza del amor es precisamente la discusión sostenida por Sócrates y Diotima.

La noción de estos dos personajes sitúa al amor en un plano diferente al que se le venía otorgando, ya que busca dar una noción del amor más espiritual y menos física o sexual. De acuerdo con ellos, Eros no era un dios, pero tampoco era un ser mortal, era "algo a mitad de camino" entre ambos extremos, y, además, era el hijo de dos polos opuestos: Poros (la abundancia) y Penía (la pobreza). Con esto advertimos como lo hicimos en el primer apartado del capítulo uno (El amor desde los griegos) que para los griegos el amor es una mezcla entre dicha y sufrimiento, entre tenerlo todo y tener nada. Es decir, su argumento se acopla perfectamente con la manera en que vivimos el amor en occidente, y que, sin embargo, parece ser una realidad que nos cuesta reconocer al pretender sentirnos siempre embriagados y saciados por el amor, negándonos a aceptar que, así como el amor es abundante un día también fallece y desaparece.

Regresando a Platón, a Diotima y a Sócrates, estos realizan una exposición de la naturaleza del amor elevándolo a la esfera de la *belleza*. Eros, al ser un intermediario, "algo a mitad de camino" entre la mortalidad y la inmortalidad, conexión entre el reino divino y el humano; no poseía la belleza, por tanto, la desea, es decir, la desea precisamente porque es algo que no posee. Este deseo no es un deseo cualquiera, sino que, es uno particular pues es el deseo de poseer "algo" para siempre. De esta manera se explicaría por qué el amor logra preservarse en las relaciones románticas, ya que, aunque "conservemos" una pareja, el pensamiento de que no es "nuestra" completamente siempre estará presente mientras exista la duda razonable de que él o ella puede alejarse algún día.

Para Sócrates, de acuerdo con el diálogo escrito por Platón, el amor es "querer poseer siempre lo bueno", en otras palabras, poseer la belleza. Pero, ¿Qué es la belleza?, de acuerdo a este filósofo, la belleza es aquello que nos permitiría acercarnos a la inmortalidad y a ser dioses. Esta aseveración permite preguntarse ¿Por qué quieren los humanos ser dioses? Y la respuesta podría ser simplemente – ¡Porque somos mortales! El amor es deseo, el deseo será aquello que nos faltará siempre: la inmortalidad, así no estemos preparados para ello.

Coincidimos con Platón cuando argumenta que buscamos la perpetuación de nuestro ser en el plano material e histórico que ocupamos, pues la mortalidad propende a la desaparición del "yo" en un momento dado. No obstante, su percepción sobre cómo buscamos inmortalizar nuestro ser trasciende el plano físico, sexual, reproductivo en el que solemos instalarnos y es aquí donde hemos tergiversado su idea de amor.

Para Platón la belleza – el amor – va más allá de perpetuar la especie a la que pertenecemos o a nosotros mismos, sino que consiste en la gestación, multiplicación y reproducción de ideas en otras almas y/o mentes, sí con el fin de inmortalizarse, pero no concibiendo para ello como único medio a la pareja o los hijos. Es posible caminar el trayecto hacia el amor descrito por Platón para alcanzar la belleza y la felicidad a través de la transmisión de ideas o conocimiento en diferentes áreas, tales como el arte, la escritura, el deporte y por supuesto, otras personas diferente a la pareja y los hijos.

Buscando la media naranja

En nuestra sociedad actual existe una creencia generalizada acerca del amor: que hay una persona indicada para cada uno/a de nosotros/as. En esta creencia se concibe que para cada ser humano hay un otro que encaja casi que perfectamente en todo tipo de gusto (físico, sexual y de personalidad). Pero además de ello, se cree que con esta misma persona se entreteje una conexión emocional estrecha, íntima e indisoluble, tanto, que se puede llegar a pensar que son almas gemelas o el amor de la vida.

La pregunta es ¿Cómo no pensarlo? Si los medios y contextos sociales en los que nos movemos nos muestran esto, ya que es usual ver en sitios web como YouTube o en redes sociales videos acerca de cómo encontrar la media naranja o nuestro complemento.

También, es común escuchar frases en medio de una pérdida amorosa para darnos ánimo como "ya llegará la persona correcta para ti" o preguntarse a sí mismo/a "¿cuándo y en dónde aparecerá la persona indicada para mí?".

Estas son frases y dichos que muestran que creemos que existe una única persona en el mundo para cada uno de nosotros/as y que el resto de experiencias con otras parejas con las que no se ha perdurado y no ha existido una gran conexión emocional, son fracasos amorosos que nos indican que no eran nuestro complemento y que la búsqueda continua por él o ella, porque en alguna parte se ha de encontrar.

Sin embargo, cuando se cree que se encontró la "media naranja" pero esta persona se va de nuestras vidas, nos sentimos incompletos, vacíos, vaciados, sin sentido y sin ánimo de seguir la vida.

Algo bastante parecido se expone en el mito del andrógino que expone Platón en su libro ya mencionado "El Banquete". El andrógino, en este libro se expone como un ser de 1 cabeza y 2 caras, 4 piernas y 4 brazos, opuestos el uno al otro; básicamente se plasma como dos seres humanos unidos por la espalda y vientre. Los andróginos eran seres constituidos por un hombre y una mujer, también mujer - mujer y hombre – hombre.

Se dice en el libro que eran seres con mucha fuerza que alcanzaron amenazar el poder de los dioses del Olimpo, a lo cual Zeus respondió lanzando rayos sobre los andróginos ocasionando la separación de ellos en dos (por la mitad).

Desde ese momento estos seres andan por la vida con una búsqueda interminable para dar sentido a su existencia: reencontrar a la mitad de la que fueron separados/as. Cuando no se daba este reencuentro, estos seres entraban en un estado de profunda tristeza que incluso podría llevarlos a la muerte.

Es curioso que hace tantos años atrás se plasmen ideas tan parecidas del amor como ahora concebimos y vivimos nuestras experiencias amorosas. Lo mencionamos al inicio de este libro, lo que hemos aprendido sobre el amor está influenciado por interpretaciones de posturas occidentales que se soportan en ideas filosóficas provenientes de Grecia.

Hablar de la media naranja implica retomar los filósofos griegos, pues hasta hoy siglo XXI sus ideas y las interpretaciones alrededor de ellas siguen perdurando. Platón pervive y se inmortaliza a partir de sus ideas, pues hasta el sol de hoy hablamos de él y se siguen analizando sus textos.

Podría plantearse que vivimos el amor buscando "nuestro complemento" de la manera en que los andróginos buscaban a su otra mitad después de su separación por parte de Zeus. Y es posible que encontremos aspectos que nos lo reafirmen, puesto que es fundamental para el ser humano actual encontrar con quien compartir su vida; esta es una de las búsquedas más significativa durante su existencia, a la cual le designa tiempo, esfuerzo y dedicación, a pesar de no resultar siempre como se desea.

Las ideas del amor que actualmente circulan en nuestra sociedad son aprendidas de otras personas, bien sea porque son interpretaciones erróneas que se le han dado a relevantes exponentes o porque es algo que el medio social nos refuerza desde la historia.

De la manera que haya ocurrido, nuestra experiencia material y subjetiva del amor se vive atravesada fuertemente por la concepción de un amor en complemento, de la media naranja o de una mitad faltante.

Es complejo desvincularse totalmente de esta idea, pero es relevante pensarse por fuera del estar y sentirse incompleto o incompleta, ¿por qué? porque este tipo de creencias van hacer que te muevas desde la carencia, que creas que no puedes ser o estar en calma si no es en compañía de una pareja.

Es posible sentirse bien sin estar en pareja, aunque a veces se piense que no, lo que pasa es que para lograrlo se requiere desaprender conductas y creencias que hemos aprendido socialmente.

Como sea que se decida asumir y vivir la vida (en pareja, con varios amores o solo/a), desde este apartado de la media naranja queremos que el lector o la lectora se cuestione y desmantele estas creencias tan recurrentes del complemento en el otro, ideas que a veces creemos no tener, pero están allí presentes expresándose de diferentes maneras en nuestros anhelos y pensamientos sobre el amor.

Es importante que te des la oportunidad de repensarte desde otro lugar, uno que te permita resignificarte como sujeto suficiente y completo, sea en compañía o solo/a y también te permitas sentir y significar de forma distinta al otro, desligado de la necesidad y la carencia emocional.

El amor y el enamoramiento ¿distintos o similares?

El amor es un tema sobre el cual todos creemos saber y tener una verdad, es usual que esto suceda cuando de una u otra forma todos hemos tenido experiencias amorosas que nos dan autoridad para hablarlo y discutirlo. Muchas de las conversaciones acerca del amor que surgen en la cotidianidad suelen mostrar ideas y creencias que se comparten en común acerca del estar enamorado/a y amar. Suelen destacar dos en específico:

· Amar y estar enamorado/a son lo mismo

· Amar y estar enamorado/a son dos cosas distintas

¿Tú con cuál postura te identificas más? En los sitios web y las personas que escriben sobre estos temas, son enfáticos en las diferencias entre el amor y el enamoramiento, es decir, tienden a apoyar la idea de que son dos aspectos distintos. Puesto que se explica que ambas son fases, pero que el enamoramiento es previo al amor y que cada una se vive y siente de manera distinta. A continuación, te resumimos de manera sencilla las explicaciones que dan sobre las diferencias entre el enamoramiento y el amor:

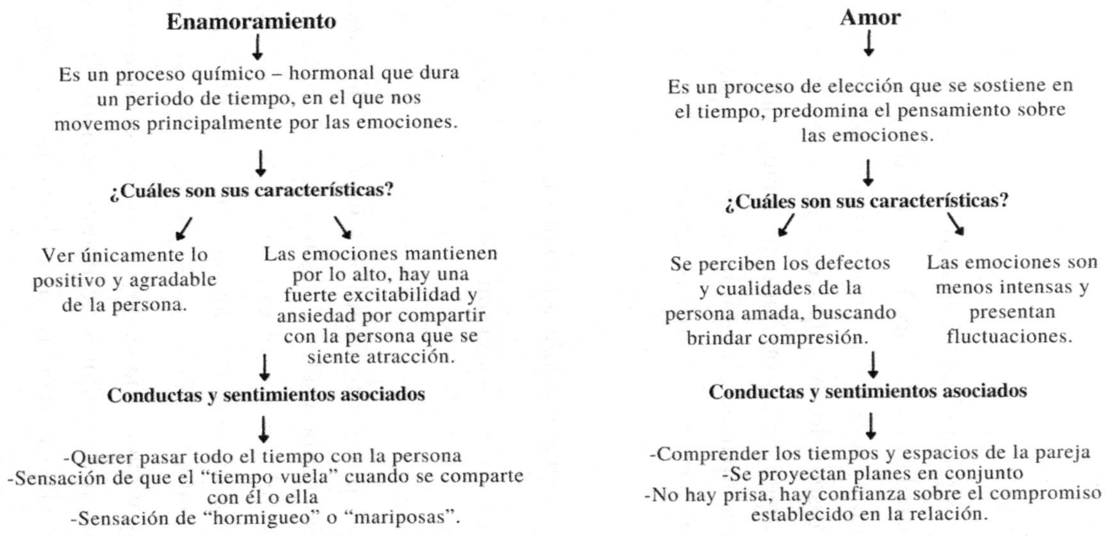

Enamoramiento

↓

Es un proceso químico – hormonal que dura un periodo de tiempo, en el que nos movemos principalmente por las emociones.

↓

¿Cuáles son sus características?

Ver únicamente lo positivo y agradable de la persona.

Las emociones mantienen por lo alto, hay una fuerte excitabilidad y ansiedad por compartir con la persona que se siente atracción.

↓

Conductas y sentimientos asociados

↓

-Querer pasar todo el tiempo con la persona
-Sensación de que el "tiempo vuela" cuando se comparte con él o ella
-Sensación de "hormigueo" o "mariposas".

Amor

↓

Es un proceso de elección que se sostiene en el tiempo, predomina el pensamiento sobre las emociones.

↓

¿Cuáles son sus características?

Se perciben los defectos y cualidades de la persona amada, buscando brindar compresión.

Las emociones son menos intensas y presentan fluctuaciones.

↓

Conductas y sentimientos asociados

↓

-Comprender los tiempos y espacios de la pareja
-Se proyectan planes en conjunto
-No hay prisa, hay confianza sobre el compromiso establecido en la relación.

Estas diferenciaciones sobre el amor y el enamoramiento que circulan en internet pueden ser útiles para intentar entender y categorizar nuestras emociones cuando se trata de compartir nuestra vida con otra persona. Sin embargo, estas apreciaciones recaen en estándares, ya que si creemos en ellas delimitan nuestro actuar y sentir dentro de las relaciones amorosas, limitando y sesgando no solo nuestros sentimientos sino también los de nuestra pareja. Pero esto no solo sucede con aquellas personas que conciben al amor y el enamoramiento como diferentes. Ya que las personas que los piensan como iguales no escapan a estereotipar la propia relación.

Tanto las personas que creen que estos dos conceptos son iguales, como aquellas que los conciben como distintos suelen adoptar criterios muy específicos sobre el amor y el enamoramiento, desarrollando relaciones amorosas encasilladas en estándares inflexibles, y establecen maneras adecuadas e inadecuadas de dar y recibir afecto.

Por esto, cuando hay un pensamiento o un sentir que se sale de la norma, la relación entra en un estado de alerta porque se cuestiona y duda, tambaleando entre la decisión de continuar o terminar con el vínculo amoroso.

Un ejemplo recurrente -explicándolo bajo los términos de una persona que concibe el amor y el enamoramiento como iguales- es cuando la fase de enamoramiento se acaba, pues la persona empieza a creer que al no sentir la excitabilidad de manera intensa es porque los sentimientos cambiaron y por ende ya no hay amor.

De esta manera, reducimos nuestras relaciones a los cánones creados socialmente del amor y los sometemos a los juicios que estos mismos establecen y legitiman. Entonces, nos enganchamos predominantemente a las dos creencias expuestas inicialmente sobre el amor y el enamoramiento (entre si son iguales o diferentes). No obstante, es posible crear otras creencias y concepciones de todas las vivencias humanas que hemos elaborado en torno al amor en pareja.

Retomamos las creencias comunes y las explicaciones generales que rondan sobre el amor y el enamoramiento porque consideramos fundamental exponer en medio de qué construcciones sociales nos estamos relacionando sexo- afectivamente. Asimismo, hacemos este abordaje para evidenciar el anhelo que tenemos los seres humanos de conservar un estado emocional por un periodo de tiempo extendido.

Esto es comprensible porque el ser humano se ha acostumbrado a la certidumbre, sin embargo, es fundamental dimensionar el amor y/o al enamoramiento como sentires que transitan, es decir, que no se conservan de la misma manera que al inicio.

La comprensión de esto, sirve para no aferrarnos y engancharnos a estandarizaciones, que a largo tiempo nos pueden producir malestar y sufrimiento al no cumplirse los criterios establecidos de cómo nos dicen y cómo esperamos que se manifieste el amor o el enamoramiento.

El amor y el enamoramiento son formas de llamar en distintas etapas a las experiencias sexo afectivas humanas, las cuales son ampliamente complejas porque tienen distintos matices, por esto es importante aceptarlas desde sus picos más altos hasta los medios y más bajos.

De lo contrario, estamos forzando a nuestras relaciones de pareja a encajar en aquello que se dice "debería ser" y lo que debería experimentar sensitivamente el amor. De igual manera, nos estamos exponiendo a la vulnerabilidad, ya que el sostenimiento de aquello que debería ser el amor y el enamoramiento se convierte en una exigencia social y a la vez personal, que al no cumplirse genera frustración y sensación de fracaso.

Permitámonos reconocer que con las relaciones es posible experimentar sensaciones y emociones agradables como también otras que no lo son o no lo son tanto. Independientemente de la connotación que le demos, estos sentimientos hacen parte de la experiencia que nos permitirá apreciar y aceptar lo humano desde su exploración del amor en pareja. Con ello, también nos permitimos liberarnos en cierta medida de cánones sociales que nos imponen y a la vez nos autoimponemos.

El enamoramiento (como se plantea en el mapa mental) nos muestra cómo la satisfacción personal está por encima de la del otro, pues se quiere consumir en todo momento a esa persona que nos gusta. Esto para la perspectiva filosófica no es significado de amor, porque en este lo que importa es el otro, es decir, la satisfacción de la pareja y no la personal.

El autor Correa en el texto "La deconstrucción del amor como imperativo ético" nos dice que cuando en el amor se da un intercambio se crea un contrato y una relación de mercado, pues esperar que el otro nos atienda y satisfaga es negar al otro y sobreponer la propia individualidad. Además, este acto egoísta es vaciar de significado al amor en sí.

Siguiendo esta misma línea, existen autores filosóficos como Correa y Sztajnszrajber que nos van a compartir una idea del amor en la que el desprendimiento de los propios deseos y la entrega al otro es fundamental para desmercantilizar y significar de otras formas el acto de amar.

Resignificar el Amor-Eros es un acto que le corresponde precisamente a la pareja, pues es en ella donde acogemos conductas que estereotipan y reproducen imaginarios sobre el amor. Resignificar implica pensar más a fondo lo que hacemos, pensamos y sentimos, para identificar qué de ello es posible cambiar sustancialmente y asimismo para crear otras maneras de vivir el amor ¿Tú y tu pareja están en disposición de significarse de maneras distintas y de elaborar un amor diferente?

La cultura nos enseña el amor: la música como mecanismo

Durante la redacción de este libro hemos enmarcado varias veces que el asunto del amor -tema universal y controvertido- ha sido materia de estudio e investigaciones sociológicas que argumentan que el amor hace parte de una construcción social en la cual estamos inmersos. Desde esta perspectiva se sustenta que existen determinados mecanismos culturales que influyen y cumplen ciertas funciones en la normalización de actitudes, acciones, pensamientos y razonamientos sobre el amor romántico.

Dentro de estos mecanismos encontramos recursos que permiten su reproducción cultural como lo es la música, la literatura, las novelas, películas, entre otras; todas estas se encuentran articuladas a los medios de comunicación tradicionales como periódicos, televisión, radio, y por supuesto, a los medios más nuevos y constantemente usados en la actualidad como lo son las redes sociales.

Todo esto se puede comprender más si se inserta dentro de un contexto histórico, ya que el tipo de música y novelas que ven o leen las personas de nuestra sociedad actual no aparecieron de la nada. Las sociedades cambian a medida que se teje la historia, misma que es creada de acuerdo a sus circunstancias; así, podría resumirse que la sociedad moderna se forjó bajo el proyecto de la Ilustración (Siglo XVIII). Este movimiento intelectual europeo es protagonista de importantes cambios sociales y desde este surge el movimiento cultural llamado Romanticismo, el cual cuestionó (más no negó) el interés racionalista de la ilustración, persiguiendo como ideal también la libertad humana, pero, además, proponiendo la revalorización del sentimiento (ignorado por la ilustración). Es decir, el romanticismo esperaba encontrar una armonía entre la sensibilidad y el conocimiento, elementos básicos del ser humano.

El Romanticismo exaltó la creatividad, la imaginación y el sentimiento, permeando el arte y las letras de su discurso romántico. Las creaciones poéticas proliferaron en Europa y los cambios en la literatura fueron evidentes, abordando temas caballerescos, escenas violentas, la mujer como objeto de deseo y la necesidad del cortejo. Estos hechos influenciaron las relaciones sociales y la interacción entre las relaciones de la pareja.

Desde esta corta recapitulación podríamos argumentar que la sociedad actual heredó, interpretó y reestructuró ciertas connotaciones acerca del amor provenientes del movimiento del romanticismo, pero esta fusión entre nuevas/viejas concepciones de amor romántico se han ido fusionando a los intereses del capitalismo a través de la mercantilización, concibiendo al amor como bien de consumo. El sexo y el amor son elementos usados constantemente por la industria de la publicidad para vender -y nosotros comprar- productos o servicios, aunque el amor se comercializa más sutilmente y el sexo es más moralizado.

La comercialización del amor se ha hecho a través de la música, literatura y medios audiovisuales, si bien, son expresiones artísticas, muchas continúan perpetuando y excusando ciertas conductas como algo "natural" del amor. Los celos, la dependencia emocional, la violencia física y simbólica, son solo algunos ejemplos de ello. Del amor nada es natural, pues es un concepto que ha sido influenciado por las ideas culturales e ideológicas que se han entretejido alrededor de él.

A continuación, hacemos énfasis en la música cómo mecanismo con el cual la sociedad moderna nos vende el amor.

La música

¿Te has preguntado qué porcentaje de música habla sobre el amor o el desamor? Nosotras nos hemos hecho este cuestionamiento sin encontrar una investigación científica confiable que pueda responderlo. No obstante, nos atrevemos a afirmar que la mayoría de las letras de la música actual se componen bajo estos dos ejes (amor y desamor), todo esto sumado a que cada vez es más difícil establecer barreras auditivas a los estímulos sonoros, ya que escuchamos canciones románticas en el supermercado, en la tienda, en la casa del vecino, en la calle; haciendo complejo visibilizar la normalización que se ha hecho de ellas, pues la música constantemente está a nuestro alrededor con pocas posibilidades de controlarla y seleccionarla.

Lo más grave de esta situación es que no cultivamos el hábito de ponerle un filtro a la información que llega a través de la música (y de otros medios), pues comúnmente la escuchamos en segundo plano o inconscientes de su contenido: mientras disfrutamos del ocio, hacemos nuestro trabajo y/o haciendo los deberes. Esta escucha inconsciente invoca automáticamente a nuestras emociones, de las que aún no tenemos una mayor comprensión y tampoco suficiente autocontrol.

Héctor Fouce, escritor y musicólogo dice que "una canción puede no cambiar el mundo, pero 50 años de canciones repitiendo tópicos y modelos crean el sentido común en el que vivimos". La música tiene el poder de crear significados y símbolos en la materialidad física y se multiplica con el inconsciente colectivo. A través de las canciones se da continuación a estándares de cómo deber ser una pareja, a ideas sexistas sobre los roles de hombres y mujeres, se idealiza el amor o, mejor dicho: se hiperboliza el ideal del amor y de los sentimientos asociados cultural y socialmente a él. Frases como "sin ti no puedo vivir", "te necesito como a la luz del sol", "sin ti no soy nada" y "el verdadero amor perdona" se cantan a todo pulmón sin reflexionar lo peligroso que puede ser para nosotros mismos las ideas que nos estamos "tragando".

Queremos citar un ejemplo de la vida real con el debido consentimiento para ello, con el fin de evidenciar cómo la música influye en la vida de las personas. Una de nuestras pacientes cuya relación amorosa se encontraba deteriorada por el abuso psicológico y físico de la pareja, decidió un día dar por terminada aquella relación mientras se encontraba de viaje en el extranjero. Allí, intentó crear una nueva vida consiguiendo un nuevo trabajo y un nuevo grupo social de apoyo. A pesar de sus intentos por superar esta relación, en ocasiones tenía contacto telefónico con su "ex" pareja, quien en estos acercamientos le dedicó una canción bastante emotiva y sensible, produciendo en la paciente el imaginario de que ese "amor" era el "amor de su vida", el predestinado y que podía cambiar o mejorar si ambos se lo proponían, porque "el amor todo lo puede". Fue cuestión de días para que nuestra paciente regresará a su país de origen a continuar con su amor idílico, dejando atrás oportunidades y nuevas experiencias, en cambio decidió prolongar por aproximadamente dos años más aquel "amor" distorsionado que de principio a fin se caracterizó por temas de abuso y violencia.

Los temas de las canciones por lo general están relacionados a un amor ideal, a una traición, la versión de una víctima o de un victimario del "amor", el resentimiento o deseos de sufrimiento hacia el ex, y otras ideas tergiversadas del amor y el sexo en pareja. Aunque se le ha atribuido principalmente al reggaetón los temas relacionados a la violencia sexual al ser más explícito y directo, la verdad es que muchas canciones de todos los géneros musicales tienen y tuvieron contenido sexista, ya que algunas canciones normalizan, promueven el machismo y el acoso sexual.

Letras como las siguientes:

·Dime que No:

"Si me dices que sí, piénsalo dos veces, puede que te convenga decirme que no. Si me dices que no, puede que te equivoques, yo me daré a la tarea de que me digas que sí"

"Dime que no, me tendrás pensando todo el día en ti, planeando la estrategia para sí" – Ricardo Arjona

·Propuesta indecente:

"Si te invito a una copa y me acerco a tu boca, si te robo un besito, a ver, ¿te enojas conmigo? ¿Qué dirías si esta noche te seduzco en mi coche? Que se empañen los vidrios y la regla es que goces. Si te falto el respeto y luego culpo al alcohol, si levanto tu falda ¿Me darías el derecho a medir tu sensatez? - Romeo Santos

Lo que pretende el presente apartado no es infravalorar la música u otros tipos de expresiones artísticas, sino, promover conciencia sobre la importancia de establecer filtro tanto a las idealizaciones del amor, como a las canciones, a las películas, novelas, libros y a las redes sociales, pues son los medios más efectivos a la hora de absorber información. El consumo responsable de los recursos literarios, audiovisuales y digitales apoyan la construcción de relaciones sociales más sanas, el fortalecimiento de la autoestima, además, afinar la habilidad de la reflexión crítica-social.

CAPÍTULO III: REPENSANDO FRASES COMUNES DEL AMOR

En este apartado centraremos nuestra atención en frases acerca del amor que se utilizan y escuchan usualmente entre las personas, que por ser comunes se conciben como normales. Sin embargo, detrás de ellas se esconden significados que afectan, influyen y determinan la construcción de nuestra identidad. Por ende, el abordaje de dichas frases resulta relevante y se lleva a cabo para comprender y develar precisamente estos significados encubiertos. Para ello, emplearemos una estructura que parte de los pilares que soportan al amor (monogamia, amor romántico y sexualidad).

Monogamia y sus frases

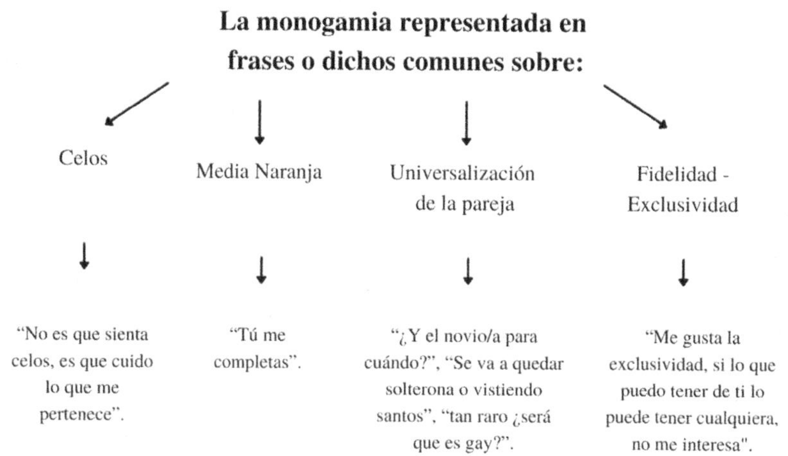

Celos

Las emociones son importantes desde cualquier punto de vista, constituyen fenómenos psicológicos propios de cualquier persona, puntualmente nos permiten comprender el comportamiento y la experiencia humana. Puesto que, la mayoría de los pensamientos, conductas y relaciones sociales trascendentales de cualquier ser humano ocurren bajo los efectos de alguna emoción o en la espera de alcanzar una.

Las emociones nacen de los intercambios que realiza una persona con su entorno, en aquellas interacciones que se sostienen con el otro en los distintos contextos sociales. En estos intercambios, surgen emociones "negativas" o "positivas", de acuerdo al juicio que tenga cada persona sobre la situación que le acontece, es decir, si concibe que la circunstancia que afronta es amenazante o si por el contrario es excitante o motivante.

Queremos decir con esto que las emociones están mediadas y saturadas por los significados que cada quien le otorga y dependen del ámbito social en el que se relacione. Algunas emociones tendrán una connotación positiva o negativa dependiendo del ámbito cultural, pues, este produce los guiones que orientan a los individuos a una conducta social esperada. En este sentido, las emociones cumplen con ciertas funciones sociales, como lo es la contribución del sostenimiento de los sistemas de valores culturales de X o Y región o sociedad, pero, además, facilitan la creación, la conservación y la disolución de las relaciones sociales.

Los celos hacen parte de las emociones humanas más complejas y quizás una de las más habituales de lo que solemos creer, porque ¿Quién en las relaciones de pareja, familiar, de amistad o laboral no se ha visto afectado por alguna situación en la que los celos estuvieron presentes y fueron evidentes? En las relaciones entre hermanos(as), amigos y empleados es común esta emoción al estar posiblemente buscando la aprobación de una figura de autoridad.

Algunos autores como Plutchik, hacen referencia a los celos como la fusión o mix de enojo y miedo, dos emociones usualmente básicas. Otros, la definen en una sensación a mitad de camino entre el miedo y el odio, y algunos como miedo, enojo y amor. Estas emociones entretejidas provocadas aparentemente por un supuesto "rival" pueden causar depresión, envidia, agresión, angustia, paranoia, desconfianza, amenaza, ansiedad, deseos de venganza, indignación, inseguridad, culpa, angustia, pensamiento obsesivo, comparación social, y, en fin, un enorme dolor emocional y algunas veces físico.

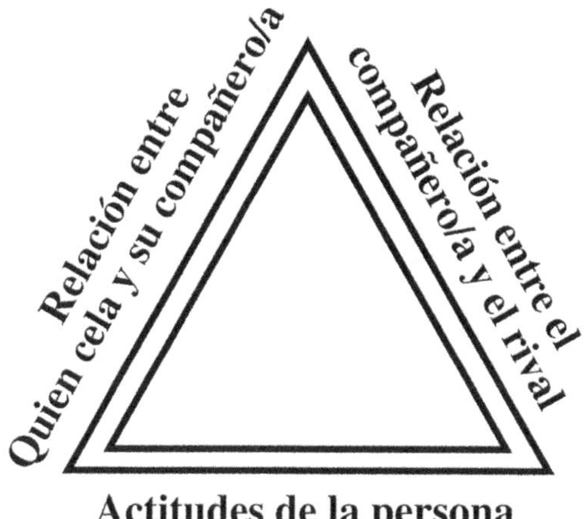

Si bien, los celos pueden sentirse o ser a causa de cualquier tipo de relación social, no obstante, es un tema comúnmente asociado a las relaciones amorosas. Esta emoción es causada generalmente cuando alguno de sus miembros percibe la amenaza real o imaginaria de la pérdida de la relación o del sujeto amado, regularmente a causa de otra persona.

Nuestro enfoque busca la comprensión del ser humano tomando distancia de los juicios a sus emociones, ya que reconocemos que como seres sintientes podemos experimentar diferentes tipos de sentimientos y emociones. Sin embargo, es importante para nosotras resaltar las normalizaciones sociales que se ha hecho de los celos, y lo que se esconde detrás de ello. Para esto, a continuación, se analiza una frase usada de manera recurrente en los espacios sociales:

"No es que sienta celos, es que cuido lo que me pertenece".

La anterior frase es usualmente escuchada y reproducida por miembros de relaciones románticas que excusan sentimientos de inferioridad, búsqueda de validez social y necesidad de posesión desde el amor romántico que predican tener. Para muchas personas/parejas los celos constituyen un elemento fundamental del "amor verdadero", pues la ausencia de estos "evidencian" una clara desconexión y falta de interés del ser amado.

En este aspecto, se intenta controlar y preservar la exclusividad/fidelidad por encima de lo que sea necesario, adquiriendo comportamientos egoístas y represivos; como la invasión de la privacidad, la restricción de socialización con otras personas, crítica de intereses personales y formas de vestir, entre otras, con el fin de proteger la persona como posesión. Por otra parte, la práctica del poder y el control como bases fundamentales para la cohesión de la pareja suelen convertirse en mecanismo o dispositivo de la violencia física, de género y crímenes cometidos en nombre del amor romántico.

En resumen, los celos:

· No son sinónimo de amor

· No justifican la violencia

· No está mal sentirlos, aunque, debemos tener claro que existen estructuras mentales y sociales como la monogamia y la exclusividad que nos llevan a confundirnos y crear esta emoción en nosotros. Cuando los celos aparecen, se crea una oportunidad para identificar cuáles son esas partes de nuestro ser que deben ser repensadas para realizar con estas un trabajo introspectivo, que nos permita mejorar como sujetos y en nuestras interacciones con el otro.

Como dijimos antes, las emociones pueden crear, conservar o diluir relaciones sociales-amorosas, y específicamente los celos acarrean graves consecuencias que pueden ser desde llegar a afectar la comunicación, la confianza, la autoestima de ambas partes de la pareja o la separación definitiva.

Media naranja

El ideal de pareja que nos intentan "vender" de manera mediática es fácilmente reconocido como la "media naranja". En este ideal se comprende al amor como un encuentro de dos seres incompletos, se construye una apología y una engañosa esperanza a alcanzar la completitud. Entonces, en la ilusión de este tipo de amor romántico existen dos medias de una naranja que estaban predestinadas a encontrarse y a encajar, dispuestas a unirse para convertirse en una sola naranja. Aunque, la una no es necesariamente igual a la otra (creencia de "los polos opuestos se atraen"), cada una siente que sin esa otra mitad está totalmente incompleta. Una vez se produzca el encuentro y su acoplamiento una con la otra, podrán ser felices "para siempre".

La frase que encontramos que más representa la idea de la media naranja en nuestra sociedad es **"Tú me completas"**, la cual, constituye una forma romántica de afirmar que sin esa persona nuestra vida está incompleta. Sin embargo, la complementariedad perfecta no existe, ya que por mucho que una persona se pueda "entender" o acoplar a otra, y se den tipos de creencias como que están "hechos el uno para el otro", la realidad es que esto no es suficiente para sostener sanamente una relación.

Por el contrario, son las personas independientes y cultivadoras de sus habilidades emocionales las que, a partir de esfuerzo, dedicación, comprensión, paciencia y otros tantos elementos más, quienes tendrían más posibilidades de alcanzar una relación equilibrada, comprendiendo que son responsables de sí mismas, y que, además, son sujetos autónomos con la capacidad de tomar sus propias decisiones.

Universalización de la pareja

En la sociedad que vivimos se ha convertido en una creencia general pensar que todas las personas han tenido, tienen o tendrán una pareja. Por ello es recurrente en reuniones sociales cruzarnos con frases dirigidas a aquellas personas que irrumpen con este imaginario, diciéndoles: **"¿Y el novio/a para cuándo?"** O en casos muy puntuales cuando se trata de una mujer: **"se va a quedar solterona o vistiendo santos"** y para el hombre también se escucha **"tan raro, ¿será que es gay?"**. Esto nos evidencia entonces que el no tener pareja es sancionado socialmente de forma distinta para mujeres y hombres, poniendo respectivamente en tela de juicio la capacidad de vincularnos sexo-afectivamente o la orientación sexual de la persona.

Dichas frases esconden un imaginario que compartimos el general de las personas: creemos que tener pareja es un elemento infaltable en la vida del ser humano, por ello cuando alguien no la tiene resulta extraño o inconcebible pensarnos sin ella. Asimismo, estas frases e imaginarios esconden una violencia simbólica para cada uno de nosotros/as, ya que nos expone constantemente a juicios y cuestionamientos ajenos acerca de las decisiones personales de compartir o no la vida con otro ser. En este sentido, el tener pareja se convierte en una exigencia social que cuando no la cumplimos nos sanciona o incluso genera sentimientos de frustración por no sostener una relación amorosa.

Es decir, que el tener pareja funciona como un imperativo generalizado en nuestra sociedad que tiene implicaciones para cada ser humano, creando un enganche en creencias de aprobación hacia el vincularse monógamamente y con esto, generando sentimientos de urgencia y necesidad por adquirirla o de fracaso por no tenerla. Esto nos permite comprender por qué a veces hemos usado este tipo de frases y también las consecuencias que tiene para la mente de cada persona. Igualmente, comprender la importancia de no reproducir frases que nos enjaulan a demandas sociales, construidas y aceptadas por nosotros mismos. Permitamos abrir la jaula en la que nos hemos encerrado. Una manera para hacer esto es respetando las manifestaciones distintas de ser que rompen con lo esperado y aquello que creemos que es adecuado en nuestra forma de relacionarnos.

Fidelidad y Exclusividad

El ser humano necesita de certidumbre en el ámbito económico, laboral y relacional para sentirse seguro y tranquilo. En lo económico y laboral se busca la certeza porque facilita al ser humano un modo de subsistencia en este mundo y en lo relacional, porque garantiza acompañamiento y protección.

Cuando la economía y las relaciones se articulan, surgen dinámicas sociales generalizadas centradas especialmente en mantener relaciones exclusivas coadyuvando al ahorro de tiempo y energía, mismos que serán usados en diferentes actividades de producción económica, permitiendo existir en esta materialidad. Estas dinámicas son imperantes en nuestra actual sociedad, por ello el plano del amor no logra escapar a estas estructuras y la certidumbre se convierte en un mecanismo de protección.

La exclusividad entonces no surge porque sí, ni como capricho, sino por la urgencia de protección de la propia certidumbre. En este sentido, la exclusividad y certidumbre son dos palabras vinculadas, las cuales nos permiten comprender que en ambas existen temores e inseguridades de una pérdida material y subjetiva. En una relación de pareja es clara una composición de dos partes, en la que destaca la necesidad de la exclusividad, por ello el acercamiento de un tercero u otro ajeno a la relación supone un peligro, no solo de ruptura, sino, la pérdida de certidumbre emocional, afectiva y económica.

La urgencia de certidumbre para el ser humano evidencia la negación de su contraparte: la incertidumbre. Esta negación trae consigo implicaciones emocionales, causando dificultad en las personas para aceptar momentos en los cuales la incertidumbre está presente, no porque en sí sea mala o buena, sino porque es tal nuestro desconocimiento acerca de ella que no reconocemos los altibajos que trae la vida y simplemente buscamos protegernos de ella evitándola.

La certidumbre y la exclusividad son constantemente representadas en dichos comunes, una frase característica es **"me gusta la exclusividad, si lo que puedo tener de ti lo puede tener cualquiera, no me interesa"**, la cual no solo refleja la claridad del contrato monógamo, la exigencia de fidelidad y exclusividad, sino también, los derechos que se da al otro sobre uno/a mismo/a y a la vez la renuncia a la que se somete cada sujeto para cumplir con la exclusividad. Asimismo, se cede ante este sometimiento para adquirir la certidumbre de un amor recíproco – que como ya lo hemos mencionado antes brindará protección afectiva, social y económica, y a la vez nos evita transitar caminos desconocidos y probablemente poco controlables.

La exclusividad es una manera de experimentar nuestras relaciones sociales, afectivas y sexuales, esta es aprendida y compartida con los demás seres humanos. Esto es complejo desaprenderlo en las relaciones de pareja, pues además supone quitar una base fundamental para el sostenimiento de un vínculo amoroso romántico. Estamos ante un tema que requiere ser pensado desde otras perspectivas, pero también que requiere cuestionarse, puesto que lo generalizado socialmente o lo que brinda una aparente certidumbre no significa que sea lo más sano, o que brinde mayor bienestar al ser humano ni que sea la única forma de relacionarnos amorosamente.

Amor romántico y sus frases

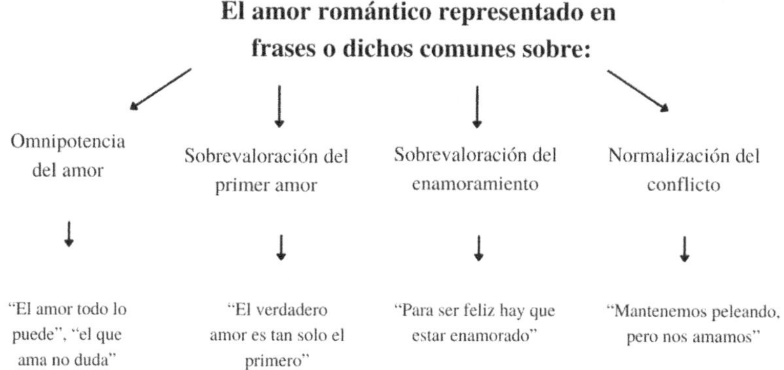

Omnipotencia del amor

El amor romántico se sustenta en la necesidad de la entrega total al otro/a, la idealización de la pareja y el exceso de romantización del sentimiento. El alma gemela, el amor de la vida y la media naranja son síntomas (como si de una enfermedad social se tratara) de la transfiguración que ha sufrido el concepto de amor, el cual se comparte y reproduce a través del inconsciente colectivo.

"El amor todo lo puede" o una frase más adoptada al amor romántico es: **"nuestro amor lo puede todo"**, hace referencia a que creemos ciegamente en unos supuestos poderes sobrenaturales adjudicados al sentimiento que experimentamos en pareja, casi como una religión, pues, se dice que **"el que ama no duda"**.

Esta idea hace pensar al amor de pareja como algo incuestionable, cuando en realidad es válido y humano hacerse preguntas sobre lo que se vive, experimenta y siente, no solo en pareja sino también en todos los ámbitos de la vida. En ese sentido, cuando se está bajo la influencia de esta percepción y una parte de la pareja duda sobre la relación o de su continuidad en ella, se asocia a la no existencia de un "verdadero amor".

Por otro lado, este tipo de creencias se manifiestan también como una especie de "fe" o confianza en que la pareja puede modificar ciertos comportamientos o actitudes considerados como poco beneficiosos para los miembros de la relación y la relación misma. "Si me ama va a cambiar" o "el amor por ti me va a ayudar a cambiar" son expresiones que aducen a percibir al amor como un "remedio" o como el "antídoto" para cualquier mal que rodé a la pareja bajo la justificación de "se puede, porque nos amamos", en otras palabras, el hecho de amar es suficiente para solucionar cualquier problema.

Estas connotaciones del amor/amar se ajustan para justificar situaciones de violencia, maltrato, normalización del conflicto, y también el chantaje, pues, cuando existe la trasgresión de acuerdos de la pareja puede surgir el ideario de que el "amor verdadero lo perdona/aguanta todo" y no tiene derecho a cuestionarse a sí mismo, propiciando caer en la resignación de hallarse en una relación desequilibrada.

Sobrevaloración del primer amor

Este apartado queremos enfocarlo principalmente a que te cuestiones lo siguiente: ¿Crees que el primer amor es tan significativo como dicen?

Es fácil recordar esa primera persona con quien descubrimos por primera vez las agridulces sensaciones del enamoramiento, las primeras pasiones, los encuentros, las experiencias, las discusiones, y esos detalles únicos que experimentamos en nuestra primípara vida amorosa. De todas formas, este recuerdo puede ser más o menos inolvidable dependiendo de las características que se experimentaron en el transcurso de la relación y la forma en que se terminó la misma.

No obstante, argumentamos que existe una sobrevaloración de la primera vez en el amar, cuando se declara que **"el verdadero amor es solo el primero"** o **"cómo el primer amor, ninguno"**. Existen pocas excepciones de personas que conocieron a su pareja en la adolescencia y estuvieron juntos toda la vida, y, por el contrario, para la mayoría de nosotros, el primer amor es tan solo una idealización guardada en un rincón de la memoria.

La primera relación amorosa es tan importante como la segunda o la tercera, o simplemente cómo las otras que le siguen. Es probable que, debido a la inexperiencia y a que generalmente se desarrollan durante nuestra adolescencia -una etapa por lo regular intensa- las vivamos con gran emoción y expectativa. Además, se debe tener en cuenta que no se dispone de otra relación con la cual compararla, y, probablemente esto genera que sea sentida y recordada como algo más especial.

Sobrevaloración del enamoramiento

Ya hemos hablado acerca del amor y el enamoramiento, de las posturas que los categorizan como diferentes o iguales. Asimismo, del uso de estas palabras para describir un sentimiento hacia otra persona como frecuente y normal en nuestra sociedad. El enamoramiento puntualmente concebido como ese proceso químico –hormonal, es anhelado por el general de las personas por las sensaciones y emociones agradables que produce, además, por la perspectiva de bienestar y el gusto por vivir distintas experiencias especialmente con la persona de la que se está enamorado.

Este estado suele ser sumamente placentero y a la vez intenso, razón por la cual se anhela tanto conservarlo. Sin embargo, en este anhelo resultamos sobrevalorando al enamoramiento y asociándolo con significados positivos como el bienestar, la alegría y felicidad. Existen frases usadas socialmente que reflejan lo mencionado: **"para ser feliz hay que estar enamorado"** o **"estar enamorado es encontrarle el nombre justo a la vida".** Estas frases muestran cómo se le da un valor mayor al estado del enamoramiento, ya que se relaciona a un objetivo de vida y a la vez el medio para alcanzarlo. En este sentido, el enamoramiento adopta una expectativa exagerada de aquello que puede brindarnos en la vida.

Lo anterior nos muestra que el enamoramiento además de producir sensaciones químicas y hormonales, implica la creación de significados, asociaciones, imaginarios y anhelos sobre la esfera afectiva del ser humano. Este se convierte en un término cargado de significado no solo neurológico sino también social, que construye pensamientos, sentimientos y consigo realidades. La existencia de una sobrevaloración del enamoramiento nos muestra cómo nos hemos enganchado a estos significados del mismo enamoramiento y también cómo estos nos constituyen en lo que somos como seres sociales y sintientes.

Normalización del conflicto

Es común la existencia de desacuerdos entre las personas y en cualquiera que sea la relación que se construya, familiar, laboral, de amistad, de pareja, entre otras. Ya que siempre estamos frente a la otredad de un sujeto, o incluso de un animal o cosa que en sí contiene diferencias a las características e identidad de nosotros/as mismos/as.

Los seres humanos permanecen en un estado de ensimismamiento, puesto que las satisfacciones y necesidades personales se hacen las más prioritarias. Esto quiere decir que lo relacionado a las prioridades del otro pasan a un segundo plano, pues primero están las propias. Al fijarse la atención en lo personal - el yo, se desconoce la otredad y las complejidades que también le componen. En este desconocimiento surge la incomprensión de los procesos de vida, sociales y personales de ese otro. En este punto, es fácil no buscar entender a ese otro sino, juzgarlo desde los propios lentes, y es donde las diferencias se amplían y extienden en discusiones y/o peleas.

En las relaciones de pareja son más recurrentes las peleas que en cualquier otro tipo de relación, ya que son en estas en donde las personas comparten con mayor frecuencia y también se dan a conocer aspectos íntimos que con otras personas no sucede. Desde una perspectiva psicológica se dice que ese otro es el espejo propio, por ello al ser la pareja una de las personas con las que más tiempo se pasa, se convierte este en un espacio de introspección, de proyección y aprendizaje mediante ese/a que tenemos al frente.

La dificultad y el problema aparece cuando las diferencias son reiteradas y se empiezan a volver una parte frecuente de la relación como si fuera algo normal. Respecto a esto, también salen frases comunes como **"mantenemos peleando, pero nos amamos"**. Esta frase nos refleja cómo las peleas se convierten en parte del paisaje de una relación amorosa, debido a que, por el hecho de existir amor se abniegan los sujetos, pues es una especie de renuncia a sí mismos por conservar el amor.

El tipo de frases con este contenido están presentes en nuestro diario vivir en dichos que usamos o escuchamos recurrentemente, bien sea de personas conocidas o en medios como la radio o la TV. Es importante saberlas reconocer para repensarlas y predeterminar en nuestra mente si en realidad es la forma en que queremos vivir el amor en pareja.

Sexualidad y sus frases

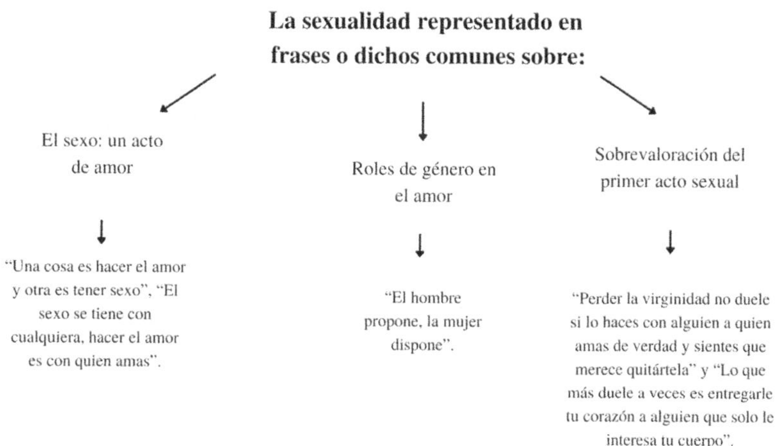

La sexualidad no escapa a los mitos e idealizaciones que se tienen con respecto al amor, además, porque se entremezcla con algunos supuestos y/o tabúes que genera este tema. Por ejemplo, en las relaciones sexuales suele hacerse la diferenciación en cuanto si estas se llevan a cabo bajo el modelo romántico (relaciones sexuales románticas) o en las que se busca solo el placer. En esta situación ambas posturas suelen tener juicios de valor, pero por lo regular, se juzga en mayor proporción a las personas que disfrutan del sexo encaminado a la búsqueda del placer.

Aunque las personas que "hacen el amor" también tienen intenciones de encontrar el placer que otorga el sexo, lo cierto es que, tienden a atribuirles a estas relaciones sexo-afectivas características como una mejor comunicación, mayor estimulación, extensión del tiempo, conexión a nivel emocional, "magia", entre otros. Mientras que en las relaciones sexuales por "simple placer", comúnmente se afirma que se le otorga mayor importancia a la exploración del otro cuerpo, su excitabilidad y como principal objetivo llegar al orgasmo. Por estas razones, es común escuchar frases como **"una cosa es hacer el amor y otra muy diferente, tener sexo", "el sexo se tiene con cualquiera, pero hacer el amor es con quien amas"**.

Siguiendo esta misma línea, se encuentra la **sobrevaloración del primer acto sexual**, muy relacionado a la idea/idealización d**el primer amor.** En esta supervaloración se le atribuye a la "virginidad" la característica de ofrenda u obsequio de altísimo valor, especialmente de una **mujer** para frecuentemente un hombre.

Lo que no se profundiza es que detrás de este "regalo", usualmente relacionado al dolor y sacrificio de la mujer, mismo que está asociado a la presunta "rotura del himen", se encuentra una creencia fuertemente arraigada a la religión y el patriarcado. Puesto que, durante siglos con la reproducción del concepto de "virginidad" se ha juzgado fuertemente a las mujeres por perder este "valor social", cuando esta ha decidido materializar el primer acto sexual antes de contraer matrimonio o en otros casos por hacerlo sin amar a la persona.

Para ilustrar mejor lo que se quiere decir, exponemos la siguiente frase como ejemplo **"Perder la virginidad no duele si lo haces con alguien a quien amas de verdad y sientes que merece quitártela"**. A pesar de los grandes alcances del movimiento feminista y la famosa revolución sexual en boga del disfrute máximo del sexo y el acceso igualitario al mismo, siguen reproduciéndose otra clase de frases o enunciados que persisten en romantizar el acto sexual, pero también en realizar diferenciaciones sexuales que otorgan estándares y roles predeterminados de acuerdo al género.

Respecto a lo anterior, nos encontramos con frases como **"el hombre propone la mujer dispone"** que evidencian el establecimiento de unos roles específicos dentro del cortejo. A pesar de que esto se ha venido deconstruyendo y cada vez más nos encontramos con relaciones sexo-afectivas en las que el hombre y la mujer se salen de conductas determinadas a su género, aún en la actualidad continua la repetición de estos dichos que lo que hacen es limitar los comportamientos de cada sujeto frente a la persona que le gusta. De esta manera, se repiten juicios sexistas y machistas, en los cuales se espera que la mujer dependa de la iniciativa de un hombre para poder emprender en la práctica de su sensualidad y sexualidad.

En nuestra sociedad se presentan juicios y discriminaciones hacia aquella mujer que cambia el imaginario que encubre la frase anteriormente expuesta, pues en su acto de propuesta e iniciativa se le cataloga como "fácil" o "buscona". Lo mismo les sucede a los hombres que rompen con el paradigma de que son ellos quienes deben ser propositivos e iniciar el acercamiento a una mujer, pues se les suele hacer comentarios que cuestionan su orientación sexual o se le critica como pasivo o "dormido". Como se puede observar la frase **"el hombre propone y la mujer dispone"** contiene en sí elementos violentos y discriminativos hacia hombres y mujeres heterosexuales, y también hacia personas que se identifican como homosexuales, ya que excluye la posibilidad de este tipo de relacionamiento sexo- afectivo. Al solo mencionar hombre - mujer está dando por hecho que es la única forma de cortejo y de estar en pareja, ya que no contempla las otras posibilidades de relacionarse en el amor.

Reflexiones sobre las frases

¿Qué frase de estas recuerdas que has utilizado o le has escuchado alguna persona cercana o desconocida? Sea cual sea la frase con la que hayas tenido acercamiento en tu vida y de la manera que haya sucedido, te proponemos que antes de hacer uso de alguna de estas o de algunas otras que rondan en los espacios sociales, te detengas a pensar qué es lo que vas a decir y en realidad qué es lo que quieres decir, qué mensaje le estás dando a esa persona y qué estás brindando con tu acto o dicho particular a la sociedad.

Muchas veces creemos que lo que hablamos y decimos no es tan significativo, pero esto es un gran error, porque las palabras en sí construyen realidades no solo para ti o las personas de tu entorno, sino también del mundo social que cohabitas.

Todo lo que ves afuera tuyo hace parte de una creación social que fue posible por su difusión mediante el lenguaje, por ende, para posibilitar una sociedad menos sesgada y menos coercitiva cada ser humano puede empezar por sí mismo/a, revisando lo que piensa y dice mediante su discurso. Puesto que ello se convierte en parte de las creencias, en formas de asumir y vivir la vida.

Por esta razón, la exposición de estas frases no se hace sin una intencionalidad, al contrario, se hace con un propósito claro y es deconstruir lo que creemos incuestionable o normal. Para esto, en el presente capítulo "taladramos" ideas ancladas en nuestras mentes que poco nos aportan en las relaciones sociales públicas y a las más íntimas como la de pareja.

Pero, ¿Cómo podemos pensar y vivir más allá de los lineamientos sociales y culturales acerca del amor, la pareja y la sexualidad? A esta compleja pregunta le buscaremos dar respuesta en el siguiente capítulo, por supuesto desde una manera propositiva, que nos pueda brindar elementos alternativos para experimentar nuestras relaciones sexo-afectivas de una manera diferente.

RECONSTRUYENDO OTRAS FORMAS DE AMAR

CAPÍTULO IV: PRÁCTICAS PARA UN AMOR DISRUPTIVO A LA NORMA

Hemos visto el amor en pareja como una construcción social en la cual se dejan ver fácilmente estandarizaciones, ideales y expectativas que se han construido colectivamente bajo la noción del amor romántico, y como este lejos de ser una fuente de bienestar personal y sexual, se ha convertido en raíz de conflictos y de ansiedad para las personas. Asimismo, se han creado formas sociales caracterizadas en la familia y la monogamia, que han hecho del amor parte del engranaje del sistema económico en el que estamos inmersos.

Muy a pesar de lo anterior, como seres emocionales reconocemos que es difícil salirse de estas dinámicas sociales y comprendemos al amor como algo fundamental para el ser humano quizás desde los albores de su existencia. Desde hace miles de años hemos desarrollado esta forma de conexión estrecha e íntima con el otro/a, y, nos ha constituido y configurado como seres humanos.

Sin embargo, este apartado se construye con la finalidad de que estas experiencias amorosas en pareja no sean traumáticas para ningún miembro de la relación; con esto buscamos hacer propuestas prácticas para relacionarnos en pareja de formas distintas a la hegemónica para así lograr amar un poco más conscientemente.

Antes de iniciar de lleno con nuestras propuestas creemos que es importante que, al momento de comenzar una relación cada parte exponga de manera transparente las características y elementos que se encuentra buscando en una pareja y se haga de forma explícita las condiciones con las que se va a contraer el acuerdo entre las partes, es decir, dejar claro bajo qué conceptos se van a relacionar. Algunos elementos a considerar serían: el nivel de compromiso que intentan establecer, los límites de la fidelidad, si se busca una relación monógama o abierta, etc.

Es fundamental que antes de concretar la relación cada sujeto reflexione si realmente puede y desea cumplir con lo que se está acordando, para que con base a esto decida si adquiere el compromiso con la relación o no, pues, una vez el acuerdo esté pactado la expectativa es que se respete. Muchos de los problemas que atraviesan las relaciones están asociados al incumplimiento de los pactos, aunque la mayoría de estos no se hacen explícitos al iniciar la relación y suelen darse por entendidos.

Espacios de encuentro

Hasta el momento se ha realizado un abordaje de los elementos que constituyen y encubren lo que nombramos socialmente como pareja. A partir de esto nos permitimos en los siguientes puntos desarrollar unas propuestas encaminadas a ejercer una forma de relacionamiento distinta en la pareja, que pueda disrumpir ciertos aspectos que hemos integrado del amor romántico, la monogamia y la sexualidad. Ya que como hemos visto algunos de los elementos que nos han enseñado del relacionamiento y del amor en pareja son nocivos para nuestro mundo personal y también social.

Cabe resaltar, que las propuestas que se hacen a continuación admiten y reconocen la importancia que tiene la pareja para el ser humano de la época actual, por ello no se posiciona desde eliminar o detonar totalmente esta forma de relacionamiento, sino, brindar a las personas que deciden relacionarse de esta manera otras formas de vincularse que les permita soltar dinámicas de posesividad, estandarizaciones y violencia simbólica, y que a su vez, posibiliten una forma de vincular menos lesiva para las partes.

Somos conscientes que la idea de vivir un "amor en pareja" no va a dejar de existir, pues es una forma bastante normalizada de asumir esta experiencia humana. Por esto mismo, consideramos importante brindar otras herramientas que nos permitan liberarnos en parte de ataduras y exigencias sociales que nos lastiman y en ocasiones nos enferman por asumir esta simbolización de la pareja y muchas otras formas de relacionarnos en sociedad.

Usualmente se asocia que estar mucho tiempo con una persona es compartir, aunque, no necesariamente esto significa un compartir real. Puesto que se puede estar con alguien en muchos espacios, pero se puede no estar presente y tampoco generando un vínculo con el otro.

Por ejemplo, el padre o madre que cree que pasa tiempo con un hijo porque están juntos en la casa, pero cada uno está viendo un programa de televisión diferente o está entretenido en redes sociales. En estos casos, no existe integración y vinculación con el otro, ni un consenso de compartir actividades o gustos.

Por esto, este apartado lo centramos en generar espacios de encuentro, porque la palabra encuentro la significamos nosotras como espacios de re-unión entre personas, en los cuales se interactúa y se construyen relaciones.

Bajo esta concepción, en el encuentro los seres humanos dialogan, se aproximan y se acercan. Para propiciar este tipo de dinámicas en una relación de pareja contemplamos unas acciones que permiten el encuentro con el otro/a, las cuales son:

Acciones de "negatividad"

Las acciones de negatividad para el autor Byung-Chul Han son aquellas en las que el ser humano se desprende de actividades productivas, permitiéndose descansar en el cuerpo y la mente, reconectando con otros aspectos fundamentales de los sujetos. Dentro de estas actividades, podemos sugerir las siguientes para confluir en pareja:

· Meditación juntos y separados

· Yoga kundalini juntos y separados

· Actividades en entornos naturales

· Actividades de relajación como masajes y aromaterapia

Acciones de movimiento

Las acciones de movimiento hacen referencia a aquellas que involucran los cuerpos, estas son útiles porque permitirá a esa parte física que nos posibilita participar en esta materialidad, sentirse activa en beneficio de sí mismo y no únicamente de la productividad económica.

· Actividades que impliquen los cuerpos como deportes, un arte y juegos

· Actividades de ocio y entretenimiento, estas dependen de los gustos de las personas que componen la relación, pueden analizarse y permitirse explorar actividades que resulten agradables y divertidas para compartir. Existe quienes prefieren asistir al teatro, como otros que eligen salir a comer, tomar cócteles o salir a un café.

Tanto las acciones de negatividad y de movimiento posibilitan la conexión con los propios cuerpos y mentes, pero también con los de la persona que se comparten estas actividades, ya que propician estar más presentes y nos une con la experiencia o vivencia que se está teniendo. Además, facilita desarrollar sensaciones de calma y tranquilidad, las cuales son beneficiosas no solo para cada ser humano, sino también para que los vínculos afectivos y relaciones que establecemos sean más comprensivos, en las que se busque que esa otredad importe, signifique paridad y la infravaloración del otro sea menos recurrente.

Esto, también permite enseñar y aprender del otro y de uno mismo, desde gustos hasta capacidades, dificultades y otras; esta posibilidad de aprendizaje se puede potenciar mediante el diálogo.

Este último es otra práctica que consideramos desde nuestra perspectiva útil para la reelaboración de una pareja con elementos más reflexivos y comprensivos respecto a la otredad y el yo. Por esta razón el siguiente apartado se centra en el desarrollo de este como práctica para una relación de pareja más disruptiva a la norma.

Conectar y comprender al otro

La práctica del diálogo suele ser una de las primeras herramientas recomendadas para mantener cualquier tipo de relación estable, "sana" y equilibrada, tanto así, que en ocasiones pierde su valía al parecer un *cliché*. Mucho se habla y se escribe sobre el tema, tanto en libros como en la web, sin embargo, encontramos que no se realiza una profundización más allá de resaltar su importancia y de ofrecer algunos ejercicios abstractos en los que la pareja puntualmente pueda realizar la práctica de esta habilidad comunicativa cada vez más escasa.

Desde nuestra perspectiva, queremos invitarte a revisar las siguientes ideas que pueden fortalecer tu relación actual o una futura, con ejercicios sencillos que coadyuven a que tú y tu pareja se unan como equipo con un lenguaje y simbología compartida, y de esta manera crear confianza, conexión y empatía.

Del Monólogo al Diálogo, del Diálogo al Silencio

¿Cuántas de las personas con las que crees que estás teniendo un diálogo o una conversación, hablan sin parar y además parecen no prestar ninguna o poca atención a los detalles de las intervenciones que tú haces? Y ¿Te ha pasado que cuando discutes con alguien, no escuchas lo que está diciendo la persona por adelantarte a pensar en lo que vas a contestar?

El diálogo se basa en la retroalimentación entre las personas que están interactuando, ello implica **escuchar al otro plena-**

mente, con genuino interés, superando la tentación de anclarse en un monólogo donde se exprese exclusivamente una sola de las partes. En el caso de las relaciones amorosas, el dialogo es la práctica apropiada para conocer un poco más a la pareja, identificar/comprender su forma de pensar y manifestar emociones que se quedan guardadas por falta de una **escucha activa**.

Algunas ideas para fortalecer el diálogo con la pareja

· Busquen crear momentos para hablar de la relación. ¿Recuerdan cómo se conocieron? ¿Qué pensaba y sentía cada uno/a con respecto al otro/a? ¿Recuerdan cómo estaban vestidos en su primera cita? ¿Qué otras cosas llamaron su atención de los primeros encuentros? Relaten con detalles ese otro lado de la historia y cómo la vivió cada uno/a. Esto generará más simpatía y complicidad en la relación.

Otras preguntas para hacerse sobre la relación pueden estar encaminadas a conocer cómo se sienten ahora dentro de ella, cómo se han sentido, qué esperan de ella, que les gusta y que no les gusta tanto.

· Reconozcan las emociones del otro/a. Si tu pareja te confiesa que X o Y cosa le hace sentir de determinada manera, reconócela como una emoción válida, pues la infravaloración de los sentimientos o emociones deshace nuestra empatía, además, de la confianza en nuestras relaciones. Así como es fundamental escuchar los sentimientos y miedos de la pareja, es indispensable que tú también reconozcas los tuyos sin minimizarlos y los expreses de manera asertiva.

Hablar de cada uno/a como individuo, sobre las preocupaciones personales y las propias experiencias en las diferentes esferas que ocupamos socialmente, permite comprender al otro/a dentro de su humanidad, además, devela puntos que se tienen en común, como los miedos, las vivencias, las expectativas y emociones.

· Obsequiarse momentos de silencio también forma parte del diálogo, posibilitan la reflexión y tomar pausas de la verbalización y pensamiento compulsivo.

Discutir diferente de Pelear

Coincidimos con muchos conocedores en temas de pareja cuando afirman que discutir no es lo mismo que pelear. Para ponerlo en pocas palabras, discutir significa el intercambio apacible, aunque quizás un poco apasionado de opiniones contrarias que, en algún momento podrían llegar o no a coincidir, esto dependerá de los argumentos utilizados. Sin embargo, algunas discusiones en pareja terminan en peleas, perdiéndose el respeto y el control. Gritos, manotazos, frases hirientes, entre otras, pueden ser usadas en la búsqueda de tener la razón, sobreponiendo la opinión propia sobre la del otro/a.

Las heridas originadas en las peleas suelen crear resentimiento y deseos de venganza, deteriorando la fortaleza de la pareja y quebrantando la conexión que se tiene con esa persona. Es por esto, que proponemos algunas apreciaciones sobre cómo discutir de un modo más constructivo.

· Para aprender a discutir, creen o generen espacios de debate. Pongan en cuestión temas de interés actuales o del pasado de forma crítica, dando su opinión al respecto y contraargumentando lo que el otro/a expone, todo de manera tranquila. De esta forma se hace un ejercicio de argumentación y de construcción de habilidades de discusión.

· Abandonen la idea tener la razón. "Tener la razón" es una artimaña del ego, que no trae ningún beneficio y nos posiciona en una competencia con la persona que decimos amar.

· Establezcan y mantengan equilibrio sobre las responsabilidades de la relación a nivel económico, emocional, del hogar (distribución de tareas), con los hijos, etc.

· Nunca usen elementos sobre aspectos personales e íntimos que la pareja confió para ganar una discusión.

· Es importante mantener en equilibrio otros componentes de la comunicación no verbal: las posturas, los gestos, tono de la voz, etc

· Cuidado con las interpretaciones. Como seres humanos absortos en la cultura y poseedores de una subjetividad social e individual, producimos símbolos y emociones de acuerdo a las experiencias vividas. Es relevante que, ante la duda sobre los pensamientos y sentimientos de la pareja se realicen las preguntas adecuadas y concretas para conocer realmente qué es lo que sucede, omitiendo así nuestros juicios de valor y falsas interpretaciones de la realidad.

· Reforzar la intencionalidad de querer estar bien en pareja con palabras sencillas que a la vez recargan la relación: lo siento, discúlpame, me equivoque, gracias, te quiero, entre otras.

Como se ha visto, existen diferentes recursos que pueden adoptar y combinar para la construcción de una comunicación y diálogo más sólidos, usar la creatividad es fundamental para hallar y crear otros elementos más, con el fin de fortalecer el vínculo y la conexión que como pareja se busca.

Experiencias sexuales menos estereotipadas

Podríamos estar de acuerdo o no en que la propia sexualidad es responsabilidad de cada quien, pues por un lado estamos moldeados social y culturalmente, y, por el otro, somos quienes tenemos la oportunidad de hacer de nuestra sexualidad un espacio de resistencia y creatividad.

Como hemos recalcado durante la redacción de este libro, detrás de aquellos lugares que creemos íntimos y personales se da un tipo de estructura o control social. Aunque quizás nadie lo ha diseñado a detalle, lo cierto es que estructura se ha implantado en nuestros contextos y cumple algunas funciones como el de mantener ciertos órdenes y delegar deberes que dan sentido a nuestra organización social y económica. Esto sucede con el amor romántico, la monogamia, y la sexualidad. Sobre este último, culturalmente tenemos la idea de que se vive de una forma específica, así, la sexualidad está asociada a conceptos de genitalidad, heteronormatividad, roles sexuales y a mitos aprendidos de la industria de la pornografía.

¿Cuánto tiempo debe durar una relación sexual y en esta, cuántos orgasmos debería tener una persona? ¿Cuánto debe medir el pene de un hombre para satisfacer a su pareja? ¿Con qué frecuencia deben tener encuentros sexuales? ¿Si no se tiene suficientes relaciones sexuales, entonces no hay amor?

Todas estas preguntas invocan a una "normalidad" aprendida precisamente de estas estructuras sociales y culturales que incitan a la estandarización de los actos sexuales, haciendo del concepto de sexualidad una fórmula matemática que debe contar con "partes" y símbolos constantes con el propósito de asegurar un mismo tipo de resultado.

La psicóloga y especialista en sexología, Cecilia Ce, nos comparte un esbozo de lo que ella considera es la "ecuación" o "fórmula" de la sexualidad imperante, estereotipada e implantada en nuestro inconsciente colectivo:

$$\left[\, 20' \bullet P \left(\frac{Pe}{V} \right) = OH! \,\right]$$

En donde:

' = tiempo (minutos)

P = Penetración

Pe = Pene

V = vagina

OH! = orgasmo

Como se puede ver, en esta función matemática todo está normalizado. En las relaciones sexuales existe un exceso de medición, tanto del tiempo en que se permanece en esta actividad, como de conteo de los orgasmos; esto es algo exhibido con frecuencia por hombres para demostrar su capacidad de satisfacer a la mujer. También, se puede leer entre líneas lo que se entiende como "normal" al dar por sentado que las relaciones sexuales han de ser entre un hombre y una mujer, o mejor, entre una vagina y un pene. Por otro lado, se observa a la sobrevalorada penetración como único medio de consecución del máximo objetivo: el orgasmo. Este, se ha convertido en la obsesión de muchos y muchas, que lo entienden como único destino y sentido de las relaciones sexuales.

Desde esta perspectiva podríamos preguntarnos ¿Hasta qué punto somos dueños y creadores de nuestros deseos eróticos? ¿Dónde está el límite con los condicionamientos imperantes?

Por el otro lado, está esa pequeña brecha de resistencia que podemos hacer hacia los estereotipos y estandarizaciones que nos han de alguna manera condicionado. Allí es donde se puede abrazar la responsabilidad de la propia sexualidad, entendiendo que en esta la "normalidad" es relativa y que pueden existir tantas normalidades como personas y parejas, gracias a los códigos y símbolos que se establecen.

Esta resistencia implica la pérdida de querer mantener el control, pues al salirnos de la norma de la sexualidad encontramos un poco más de libertad. Esta es una invitación para entender las zonas erógenas de cada uno/a más allá de la genitalidad y al orgasmo como algo más que un fin. De la misma manera, resaltamos que es fundamental crear espacios para el auto-reconocimiento de la propia sexualidad y el reconocimiento de lo que le gusta al otro/a y lo que no, a través de la exploración del cuerpo y el deseo, sea de manera conjunta o separados, esto es posible intentarlo a través de la masturbación.

Por último y lo más esencial de todo: Siempre las relaciones sexuales deben ser consentidas, o no han de ser.

Apropiarse del proceso personal

La interacción social para el ser humano es un elemento fundamental, ya que le permite construir su propia subjetividad, integrar estructuras mentales y adaptarse a las estructuras sociales que le atraviesan. En este sentido, la interacción social es partícipe en la construcción de identidades, pero también de la conservación de determinadas formas de organización social, pues posibilita la creación, participación y reproducción del mundo simbólico en el que nos movemos y desarrollamos los seres humanos. Es decir que, el relacionamiento social es una pieza esencial para la humanidad, pues además de permitirnos establecer contacto con el otro, contribuye a nuestra constitución como sujetos particulares.

Las relaciones de pareja se construyen en una constante interacción con un otro "exclusivo", por ende, es común y fundamental realizar un abordaje para solucionar problemas en las parejas incluyendo a las dos partes que la componen. No obstante, desde nuestra postura consideramos que no es la única manera para practicar una relación disruptiva a la aprendida hegemónicamente, ya que se pueden articular otras prácticas enfocadas en la reflexión individual de cada una de las partes de la pareja, esto es importante para que se cree una apropiación del proceso personal y se permitan ser menos dependientes a la pareja.

Dentro de estas prácticas proponemos las siguientes:

Espacios de estar solo/a

El estar solo o en soledad generalmente tiene una connotación negativa puesto que se suele asociar al fracaso y a otros aspectos categorizados de ser negativos como el aburrimiento y la tristeza. Sin embargo, en estos estados existen elementos desconocidos que pueden brindar diversos aprendizajes, en especial acerca de nosotros mismos/as. Para esto, proponemos como fundamental permitirse generar espacios de estar sin ninguna compañía, pero realizando actividades del agradado y conexión propia. Para descubrir cuáles son estas, es necesario brindarnos un espacio de reconocimiento de intereses personales, posteriormente darle cabida y permitirnos materializar estos gustos. Intenta en estos espacios soltar pensamientos acerca "del qué dirán" las personas que te ven solo/a, enfócate en ti y en lo que decidiste hacer por ti y para ti. De esta manera, es posible que descubras o desarrolles nuevas capacidades, o también que explores otros contextos sociales.

Consideramos también fundamental dentro de estos espacios propios, crear momentos no únicamente de interés, sino, también de reflexión, que permitan pensarse y sentirse profundamente. Esto con la finalidad de conectar con nuestros deseos, pero también con perturbaciones que son importantes trascender o transformar para ser sujetos distintos con menos sufrimientos y limitaciones. Este tipo de espacios se propone que estén canalizados por el reconocimiento y la comprensión, y no desde el juicio. Ya que, de esta manera, no buscaremos la autocrítica ni crearemos sentimientos de culpa o frustración, sino que buscaremos entender el porqué de nuestras formas de ser, sentir y actuar. Esta práctica es útil para que en ese encuentro con el otro seamos sujetos más comprensibles de nuestra propia humanidad y de aquella que tenemos en frente.

. . .

· Consideraciones para estos espacios personales, para trabajarnos como sujetos y como sujetos en pareja:

- Recomendaciones en casos de celos recurrentes

Busca dimensionar y comprender que la otra persona no te pertenece, ni tu a ella/él (así se digan "mi novio/a" "mi esposo/a"). Antes de conocerse eran sujetos que no le pertenecían a nadie y ahora que son pareja tampoco, la diferencia es que ahora deciden compartir espacios afectivos y sexuales. Aunque, esta ni ninguna otra situación te da derecho para creerte el dueño/a de una persona, pues las personas no somos objetos, somos seres complejos que ni se tienen ni se pierden.

Asimismo, busca recordar en estos espacios del estar solo cómo te sientes cuando te dejas dominar por los celos. La evocación de estas sensaciones puede permitirte reconocer el dolor, daño y la afectación que te haces cuando los celos te dominan. Reflexiona al respecto, si consideras relevante hablarlo, buscar las palabras más acertadas para expresarle a tu pareja la inseguridad que experimentas.

En estos espacios del compartir contigo mismo/a empezarás a trabajar estas ideas ancladas acerca de la posesión de ese otro/a que es pareja. Te proponemos que, si tienes dificultades con los celos evita ejercer control sobre tu pareja, por ejemplo, no revises su celular, ni solicites que te comparta la ubicación del lugar donde se encuentra, tampoco prohíbas encuentros con amistades, ni usar determinado estilo de ropa, entre otras.

Propiciar espacios de reflexión sobre las conductas de inseguridad y celos que en ocasiones ejercemos, es fundamental para brindar otras posibilidades que nos acerquen a crear sentimientos de seguridad, basados en nosotros/as mismos y no en lo que hace o no hace la pareja.

- Recomendaciones para las expectativas del amor recibido

Como lo expusimos durante el libro, mediante la sociedad hemos aprendido unas formas específicas de relacionarnos afectivamente, lo cual nos lleva a esperar una o algunas maneras de actuar de la persona con la que compartimos el "contrato" monógamo. Ante esto, se espera que nos demuestre el afecto de X o Y forma, dejando por fuera de vista otras expresiones que no fueron aprendidas pero que para un sujeto en particular pueden significar dar algo importante de sí. La reflexión alrededor de esto permite manifestar nuestros sentimientos de la manera que nos surge, pero también comprendiendo la forma de dar amor del otro.

En este punto, es importante saber discernir entre aquellas "muestras de afecto" que camuflan situaciones y acciones lesivas para las partes, puesto que en nombre del amor se permiten distintos actos de violencia. Ante esto, es fundamental saber hacer diferenciaciones, pues las acciones que coartan, lastiman o violentan el cuerpo o psique de las personas, más allá de mostrarnos cariño nos evidencia posibles justificaciones en nombre del amor.

- Recomendaciones en casos de experimentar frustración por no tener pareja

Es complejo no experimentar el deseo de tener pareja cuando hemos visto que la sociedad nos dice por diversos medios que es normal y esencial tenerla. Sin embargo, profundizar en que son precisamente asuntos que la misma sociedad se inventó para moldearnos en formas específicas de relacionarnos, puede permitirte hacer una pausa y preguntarte si en realidad deseas estar en una relación o es algo que te ha impuesto tu familia o tus entornos sociales. Alrededor de la respuesta que encuentres, empezarás a comprender por qué es fundamental para ti este aspecto, y de esta manera evitar buscar pareja en "modo automático". Sería más beneficioso hacer pausas al momento de decidir si estar o no en una relación basado en tu reflexión, para que no tomes decisiones sin conocer lo que impulsa a elegirlas o lo que se encuentra detrás de ellas.

- Recomendaciones en casos de juicio y victimización

No ponerse en el extremo de creerse superior o inferior es fundamental para no distorsionar los hechos que pueden suceder en pareja. Por ello, no busques posicionarte con el "don" de la razón ni tampoco siendo la víctima la cual no tiene ninguna responsabilidad en los hechos que suceden. Asumirse desde la responsabilidad implica no involucrarte desde ninguna identificación (juicio o victimización), lo cual posiblemente permitirá posicionarte de una manera menos dramática y sancionadora, por una más comprometida, responsable y comprensiva tanto contigo como con el otro.

- Recomendaciones para construir espacios sociales con otras personas

Los ámbitos en los cuales se desarrolla el ser humano son diversos, por tanto, considerar que la pareja abarca todo es un error. Es importante que ambas partes puedan crear espacios de compartir con otros sujetos para la realización personal, pues como se habló al inicio de este apartado la interacción social es fundamental para la construcción de cada humanidad.

Las otras relaciones sociales como las laborales, de amistad o familiares ofrecen espacios diferentes al sujeto, que sirven de apoyo en caso de una ruptura o en situaciones de dificultad personal o de pareja. Los espacios con otras personas brindan crecimiento porque permiten conocer otras realidades, intereses y gustos, de los cuales la relación también se puede beneficiar.

- Recomendaciones que pueden potenciar los espacios a solas

· Asistir a psicoterapia

· Leer la guía 4 formas de conocerte en tu proceso humano

www.GuiaParaSerHumanos.com/descargar-gratis/

Conclusión de este punto: aprópiate de tu propia "libertad" y no de la del otro/a.

Conclusiones

Las relaciones de pareja son mucho más de lo que se percibe superficialmente, como se puede observar existen elementos profundos y encubiertos que las influyen e integran, que hacen que funcionen bajo dinámicas articuladas de exclusividad, romanticismo y heteronormatividad. Estos aspectos no solo nos condicionan nuestros relacionamientos sexo – afectivos, sino que también nos modela nuestros deseos, creencias y sentimientos como sujetos individuales y sociales.

La compresión de la monogamia, el amor romántico y la sexualidad como pilares fundamentales de las relaciones de pareja desde una perspectiva reflexiva – crítica, posibilita entonces empezar caminos y procesos de cambio más conscientes no solo para las actuales parejas, sino también para aquellas que se establecerán en el futuro o para las personas que decidan estar solas.

El cambio en la forma de relacionarnos en pareja, implica voluntad, paciencia y comprensión de. y para las dos partes, ya que como son aspectos que nos han atravesado durante casi toda la vida, tienen alto grado de complejidad para transformarlas. Sin embargo, con una práctica dispuesta y consciente de las acciones propuestas en el último capítulo es posible reconstruir nuestras relaciones amorosas desde maneras diferentes y alternativas, que nos permita vincularnos de formas más sanas, menos posesivas y coercitivas, además, aceptarnos a nosotros/as mismos y a la otredad desde su diversidad y todos sus matices.

GLOSARIO

Amor romántico: Es una construcción cultural, social y económica que ha creado formas homogéneas en el comportamiento, el sentir y vivir el amor en pareja.

Construcción social: Es una perspectiva compartida acerca del mundo que se crea y construye mediante la interacción e interrelación de un grupo de personas sobre los acontecimientos externos y las maneras que el ser humano debe actuar, sentir y pensar.

Deconstruir: Proceso mediante el cual un individuo, parejas o grupos de personas reconocen, cuestionan y se arriesgan a descomponer los imaginarios, juicios, estereotipos, creencias y significados aprendidos y asumidos como "verdad" y "normal".

Ego: Es la creencia no-consciente de que el verdadero ser es el "yo" físico, mental o emocional. Esta postura genera una identificación con la propia mente y los pensamientos que se tiene sobre sí mismo, creando un falso sentido del ser, separado de los demás seres vivos y no vivos que hacen parte del todo.

Estereotipo: Son creencias construidas y aprendidas socioculturalmente que buscan clasificar el mundo exterior e interior humano. Esta clasificación origina divisiones y limitaciones arbitrarias de superioridad e inferioridad según lo que se clasifique (género, raza, físico, etc.).

Heteronormatividad: Es una concepción y práctica social generalizada que asume como natural y normal el rol de lo femenino para cuerpos nacidos con vagina y lo masculino para cuerpos nacidos con pene, y consigo que el gusto entre personas se da de manera heterosexual, sin reconocer otras formas diversas sexuales de ser.

Idealizar: Exagerar y elevar las virtudes de una situación, persona o cosa, disminuyendo o descartando sus cualidades negativas.

Ideología: Ideas y creencias de un grupo de personas o movimiento social, político, religioso o entre otro, que busca superponer y legitimar las ideas en las que cree y el poder del grupo o movimiento que las defiende.

Imperativo: Mandatos y ordenes sociales ocultos, que imponen acciones y actitudes esperadas de las personas.

Introspección: Es un proceso en el que la persona a través de la auto observación revisa sus estados emocionales y mentales, así como también, su historia y presente con franqueza con el fin de conocerse y cuestionarse.

Mercantilización: Se refiere a cómo bajo el modelo económico del capitalismo los sentimientos, emociones, relaciones, comportamientos, cultura y saber humanos, toman forma de mercancía y/o producto disponible para la venta o ser comercializado para su consumo.

Moralizar: Es la acción de juzgar como bueno o malo actos, decisiones, opiniones, entre otros. Es común que los discursos e ideologías religiosas realicen con frecuencia este tipo de juicios.

Normalizar: Forma en la cual a través de la presión social, repetición e ideología se da por hecho y aceptan ciertas ideas, conductas y procederes como "naturales" e incuestionables.

Otredad: Termino usado principalmente en las ciencias sociales y humanas para referirse al fenómeno del "otro": En el reconocimiento de la existencia del otro reafirmamos nuestra propia identidad. Comprender al otro para comprender quienes somos, para conocernos.

Reconstruir: Proceso articulado a la deconstrucción, en el cual después del cuestionamiento de preconceptos se emprende un camino para crear nuevos significados teniendo en cuenta lo aprendido y reconocido de las limitaciones que genera aquello que se creía como normal y cierto.

Reelaborar: Volver a elaborar conceptos e ideas sobre las cuales se ha establecido una norma o imaginario sobre sí mismo o sobre el mundo que le rodea, con el fin de otorgarle un significado más profundo.

Reproducción social: Es un proceso social mediante el cual se transmiten estructuras históricamente dominantes de poder, económicas, políticas y culturales.

Sexista: Es la discriminación y división entre géneros (femenino y masculino) que conlleva a relaciones desiguales entre hombres y mujeres. Esta discriminación limita a ambos géneros, pero históricamente ha afectado mayormente a las mujeres y lo relacionado a lo femenino.

Violencia simbólica: Es un tipo de violencia oculta e invisible en las acciones, discursos y normas humanas, que producen relaciones sociales de poder y consigo situaciones de desigualdad y discriminación. Estas son aceptadas como algo "normal", sin ser cuestionadas ni refutadas.

Visibilizar: Ver y hacer ver dinámicas históricas, sociales y culturales en las personas o grupos de personas que se encuentran en desventaja y/o vulnerados.

BIBLIOGRAFÍA

Ce, C. (2019). La ecuación del Sexo. https://www.ted.com/talks/ cecilia_ce_la_ecuacion_del_sexo?language=es, Rosario, Argentina.

Chul Han, B. (2010). La sociedad del cansancio.

Chul Han, B. (2012). *La agonia del Eros.*

Correa Román, J. (2018). La deconstrucción del amor como imperativo ético. *Ensayos de filosofía.*

Engels, F. (1980). *El Origen de la familia, la propiedad privada y el estado.*

Foucault, M. (1991). *Historia de la Sexualidad I La Voluntad del Saber.*

Platón. (1871). El Banquete. Edición de Patricia de Azcarate. Tomo 5.

Plutchik, R. (1987). Las emociones.

Reidl Martinez, L. (2005). Celos y envidia: emociones humanas.

Rosillo, E. (2017). El amor que nos venden las canciones. *La Marea.*

Sztajnszrajber, D. (s.f.). ¿Se puede salir de la monogamia? https:// www.youtube.com/watch?v=uCmOd2fncGY, Argentina.

Recomendaciones de las autoras

Querido lector/a,

Gracias por leer *Reconstruyendo el Amor en Pareja: Una guía reflexiva sobre la monogamia, el amor romántico y la sexualidad*

Si te ha gustado este libro, te invitamos a que nos apoyes con una reseña en el sitio en el que lo compraste, nos ayudaría más de lo que imaginas.

Agradecemos el tiempo dedicado a la lectura de la presente obra y esperamos que sea de utilidad en la vida de pareja, de preferencia, si se encuentra en una relación se recomienda que sea leído por los integrantes de la misma, pues de esta manera podrán discutir los contenidos y aprenderán sobre cómo los fenómenos sociales cohabitan en la relación.

Adicional, recomendamos acompañamiento psicológico con un enfoque crítico-social que ayude a la pareja a entender sus propias realidades y colabore a la creación de herramientas que les permitan encontrar mayor satisfacción dentro de la relación, esto, sin perder de vista a los sujetos como seres sociales.

La lectura del presente libro puede ser complementada con la guía gratis **"4 formas de conocerte en tu proceso humano"** que encontraras en nuestra web, a través del siguiente enlace www.GuiaParaSerHumanos.com/descargar-gratis/

También en nuestro sitio www.GuiaParaSerHumanos.com encontrarás diferentes instrumentos para la comprensión del proceso humano desde una perspectiva comprensiva; desde el blog, guías, libros, cursos y terapia psicológica individual y de pareja.

Te invitamos para que conozcas más de nosotras y nos sigas para recibir contenido desde una perspectiva diferente a través de nuestras redes sociales:

www.Instagram.com/GuiaParaSerHumanos/

www.Facebook.com/GuiaparaSerHumanos2021/

De nuevo gracias por el apoyo;

Las autoras

Acerca de las Autoras

Desde las categorías sociales, soy Jenny Paola Osorio Echeverri, Psicóloga con un enfoque crítico, Especialista y candidata a Magister en Innovación de la Educación.

Siento un fuerte compromiso social, creo que las situaciones tienen trasfondos que necesitan ser reconocidos en las esferas personales y espirituales, para lograr transformar las sociedades en unas más reflexivas y conscientes.

Desde las etiquetas sociales soy Carolina Cardona, Administradora de Negocios Internacionales y candidata a Magister en Estudios Latinoamericanos.

Me intrigan las relaciones que tenemos con otros seres vivos, el origen y devenir antropológico del ser humano. Cuento con 6 años de experiencia apoyando a las personas con las cargas laborales que generan nuestras sociedades.

www.GuiaParaSerHumanos.com

 facebook.com/GuiaparaSerHumanos2021

 twitter.com/HumanosGuia

 instagram.com/guiaparaserhumanos